折れない自分の作り方

BUSINESS × ATHLETE

アスリート人材の底力

松本隆宏
Takahiro Matsumoto

SUN RISE

はじめに

私は小学生の時に剣道と野球、中学から大学までは野球に打ち込んできた（中学校の部活ではバレーボールを）。指導者に熱心な指導を受けながら、先輩、同期、後輩たちと一緒に汗を流した。

多くのアスリート人材と接するなかで感じたのは、運動に打ち込む人は基本的に明るいということ。もちろん、礼儀正しく、きちんとあいさつができるところも共通していた。総じて、前向きに物事に取り組む人が多かったように思う。

一生懸命にスポーツをすれば、勝つこともあれば負けることもある。全戦全勝のチームはほとんどない。どこかで壁にぶつかった時に大切なのが明るさであり、前向きな姿勢だと私は感じている。だから、挫折した時、試合に負けたあとでも前に進むことができるのだ。

団体スポーツもあれば個人競技もあるが、立ち向かう姿勢が身についているということは、アスリートにとって大切な資質だと感じる。

その試合に勝ちたいとみんなが思っているが、全員が勝利を得られるはずはない。調子がいい時も悪い時も、運に恵まれる時も見放される時もある。そんな時に問われるのが自分を律する力。うまくいかない時にどう自分をコントロールするか――。落ち込んだままの人に勝利の女神がほほ笑むことはきっとない。

私は高校時代に日本大学第三高等学校（日大三高）の四番レフトとして１９９４年春に甲子園出場を果たした。その事実だけを取り出せば「エリート」だと思われるかもしれない。確かに、甲子園出場はすべての高校球児の夢であり目標。しかし、私はけっしてエリートではない。

私は高校時代の実績を評価されて法政大学野球部に進んだが、故障もあり、思うような成績を残すことはできなかった。それまでの栄光を打ち消すくらいの挫折感を覚えたこともある。そういう経験から、敗北を乗り越える力の有無がアスリートの評価に大きく関わるのだと思うようになった。

法政大学を卒業する時点で、私はアスリートとして生きることを断念した。住宅メーカーの営業マンなどを経て、現在は「地主の参謀」として資産防衛コンサルティングに従事している。

ビジネスの世界に身を置いて、たくさんの元アスリート、体育会ＯＢとお付き合いしてきた。なかには、競合企業のライバルもいれば、尊敬すべき先輩もいた。

そういったアスリート人材を見てきた私は、「彼ら（彼女たち）はもっと大きな可能性を秘めているのではないか」「もっと能力を発揮できるはずだ」と考えるようになった。そこで、本書を書くことを決意したのだ。

アスリート人材はなぜビジネスで求められるのか

大学生の卒業シーズンが近づけば、東京六大学野球連盟に所属する六大学（法政、明治、早稲田、慶應、立教、東京）の選手たちの就職先がスポーツ新聞に掲載される。もちろん、プロ野球の球団からドラフト指名されるスターもいれば、社会人野球に進む実力者もいる。神宮球場で活躍できなかった選手でも、日本を代表する大企業、人気企業への就職を決めている。

彼らが名だたる企業から求められるのは、私が先に書いた能力、性質を備え、普通の学生では得られない大きな勝利と同時に、失敗とそこから這い上がった体験を持っているからではないかと思う。

どれだけの才能があっても、チーム事情によっては出番に恵まれないことがある。故障に苦しめられることも少なくない。そんな時にでも、自分を律しながら、前を向くことができるのが、私が認めるアスリート人材だ。

私が尊敬するアスリート人材の多くは、冷静に自分を分析する力を備えている。


相手にあって、自分にないものは何か？

相手との実力差がどのくらいあり、何をすればそれを埋めることができるのか？

日々、何をすれば、どのくらいで追いつくことができるのか？

自分だけの長所、ストロングポイントは何なのか？

次のステージに進むためには何が足りないのか？


冷静な目で自分を見つめながら、武器となるものを探し、それを地道に磨いているというイメージがある。現実をきちんと認識したうえで、真摯に自分と向き合い、深く考える力もなくてはいけない。

自分の思いだけがあっても、いい結果は生まれない。勝手に暴走して、まわりに迷惑をかける人も多く見てきた。

スポーツを通じて得られたものを次に生かす

私自身のアスリート人生を振り返った時、本当によかったと思うのは社会に出る前に自分の役割を知るチャンスを得られたこと。

中学の3年間、高校の3年間、大学の4年間で、下級生→上級生のサイクルを3回経験することができた。野球部という小さな組織ではあるが、ルールやしきたりを「教わること」と「教えること」の両方ができたというのが大きい。私自身、大きな財産になっている。

会社員になって初めてそれをするのは大変なことだし、なかなかうまくいかない。でも、体育会OBであれば、そんな心配は無用。「教えるコツ」もあれば、「教わるコツ」もある。限られた時間の中でルールややり方を浸透させるというのは本当に難しいことだ。

もうひとつ思うのは、好きなスポーツを通じて、「嫌なこと」を経験できたこと。私の場合、野球に関することであれば、少しぐらい嫌なことでも耐えることができた。上下関係や規律などがそう。そういうものを受け止められたのは、夢中だった野球というスポーツに関わっていたからではないかと今になって強く思う。

勝つこともあれば負けることもあるのがスポーツ。最善を尽くしても、どうしてもミスは生まれてしまうもの。そういうことを理解しているアスリートは他人に対して思いやりがある。

野球の場合は特に、仲間がミスをする前提でカバーリングをしたり、いつも「その時」に備えている。失敗を予測する力も高いし、処理の速度も速い。厳しい指摘をするかもしれないが、どこかに優しさがある。そのあたりのバランスを取れる人が多いようにも思う。

だから、会社組織の中で部下がミスをしても落ち着いて対処できるのではないか。誰だって、ミスをするもの。それをカバーするのがチーム力だと考えているはずだ。

なかなか形には表れないが、アメリカンフットボールやラグビーや野球という競技で求められるのは自己犠牲の精神。だから、それらの競技経験者がビジネスの世界で活躍するのではないかと私は思う。

これまで述べてきたようなアスリート人材が本当にいるのか？

そんな疑いを持つ人もいるだろう。スーパーマンのような人がいるのなら会ってみたいと誰だって思うはず。もし私が大学生だったとしたら、そんな人がビジネスの世界でどのような歩みをしてきたのかを知りたかった。

だから、私が尊敬する６人の方々に本書に登場していただき、それぞれが歩んできた道について語ってもらった。

６人がそれぞれ打ち込んできた競技も、育ってきた環境も、掲げた目標も異なっている。勝利の数も挫折の種類も、その時々の選択もさまざま。それらを読んだうえで、「アスリート人材はなぜビジネスで求められるのか」を一緒に考えていきましょう。

松本隆宏

アスリート人材の底力　目次

目次

目次

世の中になくてはならない会社に！
過去の成功体験が邪魔になる
失敗したあと、また前に進めるのか

第4章

元アメフト選手が考える「理想のアスリート」——99

アチーブメント　高木謙治

コンタクトスポーツの面白さに気づく
アメフト選手として掲げた目標
鍛えた分だけ強くなれる
飛び込み営業を毎日、全力で！
いかにして自分を高めるか
27歳で採用のコンサルタントに

目次

目次

第1章

旭化成ホームズ

佐藤友亮

「野球強豪校で得た力で住宅営業事業のトップを目指す」

PROFILE

1974年、神奈川県生まれ。桐蔭学園野球部の外野手として、1992年夏に甲子園出場を果たす。武蔵大学野球部では主将をつとめた。大学卒業後に旭化成ホームズに入社。個人用住宅の後、集合住宅の担当になった。現在は、住宅事業集合建築本部長(集合住宅営業本部次長)をつとめている。

神奈川県には高校野球の名門や強豪がたくさんある。

2023年夏の甲子園を107年ぶりに制した慶應義塾、春夏合わせて5度（春3回、夏2回）の日本一に輝いた横浜、東海大相模。ほかにも横浜商業、桐光学園、日大藤沢などが甲子園で勝利を積み重ねた。

中学時代に大型投手として注目を集めた佐藤友亮が進学先に選んだ桐蔭学園は、神奈川県を代表する強豪のひとつだ。

初めて甲子園に出場したのは1971（昭和46）年夏。東邦（愛知）や海星（三重）などを下して決勝に進み、磐城（福島）を倒して日本一になった。1988（昭和63）年春にはベスト4に進出している。プロ野球で活躍したOBには、高木大成（元西武ライオンズ）、高橋由伸（元読売ジャイアンツ）、G．G．佐藤（元埼玉西武ライオンズなど）、現役では鈴木大地（千葉ロッテマリーンズ）、茂木栄五郎（東北楽天ゴールデンイーグルス）らがいる。

1974生まれの佐藤は、桐蔭学園野球部では一学年上の高木大成、ひとつ下の高橋由伸に挟まれた学年で、ヤクルトスワローズでプレーした副島孔太が同期だった。

佐藤が当時をこう振り返る。

「桐蔭学園ＯＢの志村亮さん、小桧山雅仁さん、大久保秀昭さんが慶応義塾大学で活躍されたこともあって、東京六大学でプレーしたいと考える選手たちが多く集まっていました。

僕は中学生の頃から体が大きくて硬式野球、シニアリーグの日本代表にも選ばれました。その時の四番バッターが桐蔭学園のチームメイトになる副島でした。いろいろな強豪校から誘いを受けましたが、うちの父親がサラリーマンだったのもあって、野球でモノにならなかった場合を考えて桐蔭学園に行くことにしました」

期待されながらも故障続きで……

神奈川県下だけでなく、関東からも有望選手が集まってくる強豪チームで、佐藤は期待の星だった。しかし、高校入学後は故障続きで戦力にならず、周囲の目は冷たかった。

「肩もひじも両方痛くて、少し投げては故障。治っても、また故障の繰り返しでした。痛くない時でもいいボールが全然投げられない状態で……。監督からしたら評判倒れ、期待はずれだったと思います」

高校野球でプレーできる期間は2年4カ月ほど。故障続きの佐藤に与えられた時間は少なかった。

「同期の副島は順調に戦力になっていたし、軟式出身でも試合で起用される選手がたくさんいました。はじめの2年間、僕が主にしていたのはリハビリと雑用ですね」

少年時代にほかの選手たちを圧倒していた佐藤が初めてぶつかった壁。ここで思いがけない学びがあった。

「それまで僕のボールは全然打たれないし、ほかの選手は小さいし、野球というスポーツを難しいとは思っていませんでした。でも、その2年間で試合に出られない人の気持ちを初めて知りました。同じチームにいても『こんなにも違うのか』と驚きました」

1990年代の高校野球では、猛練習を課す指導者と厳しい上下関係が付きものだった。甲子園出場を目指す桐蔭学園も例外ではなかった。

「とにかく監督は厳しかったですし、全員が寮生活だったのでさまざまなルールがありました。シビアな上下関係も残っていました。ひとつ上の高木さんの学年は穏やかな方が多くて、助かりましたけど」

グラウンドでも寮でも、誰かがミスをすれば全員で連帯責任を取らされる、そんな時代だった。

三年春に野手転向を果たして大爆発！

大型新人と期待されながら故障続きの佐藤は、監督から注目されることも少なかった。

「見放されたというか、戦力としては考えられていなかったと思います。まともに投げられないんだから仕方がありませんよね。三年になったばかりの春季大会はベンチ入りしたんですけど、『ピッチャーとしては考えてない』と言われて、外野手に転向しました。ピッチャーの練習もしながらでしたけど」

それまでバットを握ることもほとんどなかった佐藤だが、ここでその打棒が爆発する。

「もともとはピッチャーで四番でした。どうしてだかわからないけど、練習でも練習試合でも打ちまくって、外野のレギュラーポジションを取りました。振り返ると、運がよかったとしか言いようがない。外野手でダメなら寮から出されることになっていましたから」

人生初の下積み時代の行いがよかったのか、野球の神様は佐藤のことをしっかりと見ていた。

「寮から出されたら大学受験に向けて勉強しないといけないないなと思っていましたが、最後にチャンスをつかむことができました。僕が戦力になったのは5月から8月までの3カ月だけでしたね」

2年間の下積みを経験したことで、レギュラーとして活躍する選手とベンチ外メンバーのギャップに気づいた。華やかな舞台に立つ選手と彼らを支える控えが同じ気持ちでいるのは難しい。

「試合に出ていない選手たちが仲間のことを腹の中から応援していたかと言われると、そうじゃなかったのかもしれません。僕はベンチ外メンバーとレギュラーの間くらいのポジションだったので、両方の気持ちがよくわかります。だから、ハブみたいな役割をしていて、どちらとも仲がよかった」

レギュラーと控えの気持ちを尊重する

桐蔭学園に集まってきた選手たちは、それぞれに実績があり、自分の実力に自信を持っていた。しかし、全員が試合に出られるわけではない。

「中学時代の実績を評価されて推薦で入ってくるのが10人くらい。それ以外が5〜10人くらいで、1学年は15〜20人います。3学年合わせて60人ほどのチームです。数人の下級生がメンバーに入ってくるので、いくら頑張っても、ベンチに入れない三年生も出てきます」

先々を見据えて、実力が同程度ならば下級生を使うという監督もいる。

「あの頃の桐蔭学園はそういうチーム構成でした。下級生の時から試合に出る同期もいれば、最後までメンバーに入れない人もいます。

レギュラー組は早めに練習を終えて、残りの選手でグラウンド整備をするということもありました。どうしても差があって、みんながみんな、わかりあうのは難しい。

これは社会人になってからも同じでしたね。成績のいい営業マンがもてはやされて、そうじゃない人の扱いが悪いというケースもあります。両方の気持ちを尊重しながら、チームとして気持ちよく動く雰囲気づくりは大切です。僕はそれができるほうだとのちのち気づくことになりますが、高校時代に控えだった経験からくるものかもしれませんね」

常に注目されるスターにはスターの、活躍の場に恵まれない控えには控えの苦労がある。

「僕もそうでしたけど、指導者やチームメイトから必要とされていないなと感じるのは本当に淋しいものです。寮生活なので、落ち込んだ自分を慰めたり励ましたりしてくれる家族にはなかなか会えません。仲間とうまくやらないとさらに気持ちが落ちていく。

寮生活を通じて、先輩のことを観察する力、仲間と一緒に生きていく方法が身についたのかもしれません。ストレスの多い寮生活では地雷がいろいろなところに埋まっているので、危険察知能力も磨かれたと思います（笑）」

それが、数年後の自分の仕事に役に立つとは想像もしていなかった。

「もう20年以上前、不動産の営業という仕事では古いやり方が残っていました。取引先から厳しいことを言われることもあったし、上司や先輩からスパルタ的な教育も受けました。そんななかで、お客さまの気持ちや考えを汲んで、いち早く動くことができたのも高校時代の寮生活のおかげでしょうね。

笑顔で応対してもらっていても脈がないとか、ぶっきらぼうに見える人でも次に会えば決めてくれそうだとかが、なんとなくわかりました」

甲子園から戻ってすぐに逗子海岸へ

1992年夏、神奈川大会の決勝まで進んだ桐蔭学園は、副島のホームランで先制し、高橋由伸のタイムリーでライバルの横浜を突き放し、2年連続の甲子園出場を決めた。

「とにかく、自分は運がいいんだなと思いました。まわりの人に恵まれて野球を続けることができて、三年生の最後の夏に甲子園でプレーできました。本当についていたと思います。高校時代のいろいろな苦しい思いは最後に消えましたね」

開会式直後、桐蔭学園は沖縄尚学（沖縄）と対戦して、4対5で敗れた。六番レフトで先発出場した佐藤は1安打を放ち、甲子園をあとにした。

「初戦ですぐに負けてしまったので、甲子園の雰囲気を味わうことはあまりできませんでした。入場行進して開会式があって、2時間少し試合をしたら終わりでしたから。うちの母親が沖縄出身だということで、アルプス席でテレビのインタビューを受けたとあとで聞きました。家族には特別な思いがあったと思います」

「高校野球を引退したら海に行く」という仲間との約束は、数日後に実行された。

「顔と首、腕が真っ黒なチームメイトたちと逗子海岸に行きました。『今日はナンパするぞ』と張り切っているやつもいました。なんとも言えない解放感があって、あの風景は忘れられません。レギュラー組とそうじゃない組とで分かれて行ったんですけど、僕は両方参加で（笑）」

誰かが持参したラジオから甲子園の試合中継が流れてきた。

「ひとりが『松井秀喜、5連続敬遠だってよ』と言ったのも、甲子園の歓声やざわめきが聞こえてきたのもよく覚えています。砂浜に寝そべりながら、『自分たちはあんなところで野球をしてたんだな』と思いました」

この時点では、大学で野球を続けるかどうかも決めてはいなかった。

「小学一年で軟式野球を始めて、ずっとスパルタ式の練習をしてきました。指導者の暴力的な指導もあって、血を流しながらやっていました。『好きか』と聞かれてもよくわからないけど、野球の実力はあるという感じで続けていました」

小学校を卒業する時点で身長170センチを超えた早熟の大型投手は酷使された。

「小学校の四年生くらいから土曜日も日曜日も2試合ずつ、14イニングを投げるのが当たり前。今から振り返ると、投げ過ぎでしたね」

だから、佐藤は野球を楽しいと感じたことがなかった。

「まったくないですね。厳しい、つらい、大変な毎日でした。高校に入ってからいろいろなストレスを感じましたが、それに耐える力は小学生の時についたのかもしれません。ずっと、気持ち悪くなるくらいのプレッシャーを感じながら野球をしていましたから」

その頃、プロ野球選手は「なりたい」ものではなかった。

「父親が野球をやっていたこともあって、野球をするための環境は整っていました。『野球だけではダメだぞ、勉強もやれ』とは言われていましたけど、プロ野球選手には『なれる』と思っていました」

佐藤にとって野球とは、自分の力を発揮できるスポーツであると同時に、好きかどうかとは関係なく「やらなければいけないもの」だった。

「中学の硬式野球チームからいろいろと誘いを受けました。戸塚シニアに所属したんですが、そこでも打たれることはほとんどなくて。どんな相手でも『普通にやれば抑えられるだろう』という感じでプレーしていました。中三になる頃には、身長は180くらいありましたね」

ひと目で「勝負にならない」と感じた天才

シニアでオールジャパンに選ばれ、甲子園出場を果たしたが、高校野球を終える頃にはプロ野球は遠くなっていた。

「ひとつ上の高木さん、同期の副島もプロに行きましたが、それほどの差を感じませんでした。でも、一学年下の高橋由伸を見た瞬間に、とても勝負にならないと思いました」

高校入学前に練習に参加した時点で、高橋は先輩よりも目立っていた。

「すぐに『モノが違う』と思いました。トスされたボールを打つロングティーを竹バットを使ってやっていたんですけど、ひとりだけ飛距離が違う。センターにあるバックスクリーンにぶつけてましたから。軽く振っているように見えるけど、遠くまで飛ばすんです」

しかも、高橋は打つだけの選手ではなかった。

「上田佳範（元日本ハムファイターズなど）がエースの松商学園（長野）との練習試合にいきなり出て、ライトヒットを捕って、レーザービームのものすごい返球でランナーを三塁で刺しました。その日のダブルヘッダーで、2本くらいホームランを打ちましたしね。

まだまだ体は細かったのに、スピードもパワーもある。目立ちたくないみたいな感じで控えめにプレーしていたけど、誰もがすぐに目を奪われる。すぐにクリーンアップを任され、マウンドにも上がるようになりました」

高橋は慶応義塾大学を経て、1997年ドラフト1位で読売ジャイアンツに入団。プロ18年間で通算1753安打、321本塁打、986打点、打率2割9分1厘をマークした。

「特に高校時代は打撃が天才的で、オープン戦、公式戦で7割くらいの打率を残したはず。大谷翔平よりも先に投打の二刀流をやってもおかしくないくらいの選手でした。意外と、『ここが痛い』とか言うんですけど、長く練習を休んだあとでもすぐに活躍する。彼のような人のことを天才というんでしょうね」

若くして頭角を現すとチームの中で浮いてしまうこともあるが、彼の場合はその心配もなかった。

「人付き合いが天才的で、先輩からも仲間からも愛される。僕はものすごくかわいがっていました。由伸のことを悪く言う人、嫌いだと言う人は多分いないと思いますよ。とにかく、バランス感覚に優れていて、まわりとの距離の取り方が絶妙でした」

高橋は40歳で現役を引退したのち、ジャイアンツの監督もつとめた。

「高校、大学はもちろん、プロ野球でもスターであり続けた。そんな人はなかなかいませんよね。桐蔭学園で初めて見た時の印象のままです。私にとっては太陽のような、眩しい存在です」

規律の少ない大学の野球部で自由を満喫

高校三年の秋、進路を決める時期になった。佐藤は野球の実績で大学に進むことは考えていなかった。

「自分なりに勉強していて、成績はそこそこよかったから、どこかの大学に指定校推薦で入れればと考えました。野球で進学先を決めて、また期待を裏切ったら嫌なので。高校時代のような苦い思いはもうしたくないと思いました」

佐藤が進学先に選んだのは首都大学野球連盟に所属する武蔵大学だった。東海大学、日本体育大学、筑波大学など強豪は多いが、全国から野球エリートが集まる東京六大学、東都大学連盟と比べれば自由な風が吹いていた。

「チーム自体はそれほど強くもなく、プロを目指すような選手もいませんでした。規律みたいなものもあまりなくて、練習に遅刻する選手もいるくらいの野球部。寮はあるけどほとんどが通い、移動のためのバスなんかありません（笑）。シーズンオフにはみんな、バイトしてましたよ」

まだ若かった佐藤の気持ちは当然、グラウンドの外に向いた。

「大学生になったばかりの僕は、野球そっちのけで遊びまくっていました。それまでの反動ですね。練習をさぼって、好き放題やっていました。『こんなに楽しいことが世の中にあるんだ』ということを知りました。

高校三年の夏に野球が終わって大学二年ぐらいまでは、本当に楽しみましたね。おそらく、そういうのやめさせるためだと思いますが、キャプテンを任されることになりました」

高校までとは明らかに異なる野球をする武蔵大学のキャプテンの仕事は独特だった。

「僕が入学した時は2部でしたけど、三年生の時に1部に上がりました。監督がグラウンドに来るのは週末だけ。キャプテンがベンチ入りメンバーもスターティングラインナップも決めます。そうなると、あちこちで軋轢が生まれて……部員同士の板挟みになることも多かったですね」

同じプレーヤーでありながら、評価する役割も担うことで見えなかったことが見えてきた。

「同期から『なんで俺を試合で使わないのか』と責められることもありました。お酒を飲みながら『若い選手も育てないとな』『あいつも頑張ってるから』と言ったり、厳しい指摘をしたあとにフォローしたり。それまで経験したことのないことをやりました。おかげで、ものすごく勉強になりましたね」

ここでも高校時代の経験が生きた。

「甲子園に出た選手もいれば、強豪じゃないところで頑張ってきた選手もいました。それぞれ野球選手としての経歴が違うし、目標もいろいろ。それでも同じ方向に向かって力を合わせないといけない」

時に厳しいアドバイスを送り、時に優しく諭すことでチームは団結していった。

磨かれたトラブル対応能力

野球は大学までで終わり。そう考えた佐藤が旭化成ホームズを就職先に選んだのは先輩のすすめがあったからだ。

「桐蔭学園から慶応義塾大学野球部に進んだ先輩が勤めていたのが旭化成ホームズでした。ずっとかわいがってもらった先輩のあとを追う形で入社を決めました。アパレルとかマスコミとかも華やかでいいなと思ったんですけど、最後は人の縁ですね」

1972年に、旭化成グループの住宅会社として設立された旭化成ホームズは、都市部を中心に、住宅を通じて安心で豊かな暮らしの実現を目指す会社だ。７０００人を超える従業員を抱えている。

「体育会系の内定者が多くいて、入社前からみんなで仲良くなりました。入社してからは、自宅に帰れるのは深夜の12時を回ってから。そういう生活が5年目くらいまで続きました」

はじめに担当したのは個人用戸建て住宅の販売だった。住宅展示場で来場者を待ち、設備等の説明をして買ってもらうのが仕事だった。

「僕らの時代はそこに若手が配置されることが多かったですね。大変なのは大変なんですけど、コツさえつかめばうまくいく。僕は月に2棟くらいずつ売って、全国1位を何回か取りました」

ここで高校時代に培った、相手の気持ちを読む力が役に立った。

「展示場でお客さまに説明する時に、顔の表情や反応をよく見ていました。本気で購入する気で来たのか、そうでないかはすぐにわかります。決定権を持っているのは奥さんだとかも。そちらのほうに積極的に話すようにしましたね。

購入の決め手は間取りなのか、建物の構造なのか、まわりの環境なのか、それ以外に気になるところがあるのかを、お客さまの様子を確かめながら丁寧に説明していきました」

その場で商談が盛り上がっても成約までにはいくつかの障害がある。都心に近い戸建てを購入する場合、親族が資金を提供することもある。夫婦だけで決断できないケースも多い。

「だから、目の前にいる人が誰かに説明しやすいように話すことを心がけました。住宅は高額な買い物なので、誰もが慎重になります。当然、要求はシビアです。もし期待を裏切ってしまった場合、クレームも厳しい」

まだ20代で経験の乏しい佐藤にとって、試練の時だった。

「建売住宅ではないので打ち合わせの機会が多いんです。うちの会社は設計士ではなく担当者が打ち合わせをするスタイルなので、お客さまとのコミュニケーションがとにかく大事。問い合わせが来たらすぐに答えないといけないから、携帯電話が手放せない日々でした」

客からすれば、一生に一度の大きな買い物だ。話が進むにつれて、気になることがたくさん出てくる。

「いろいろなことを言われますね。『思ったよりも狭いね』とか『ここはイメージと違うんだけど』とか『別のものに変えられないか』とか、いろいろな要望が出てくるので、応対するので必死でした。

正直、あの頃は人間らしい生活はできていなかったですね。でも、仕事を数多くこなすうちに、楽しさも感じていました」

住宅をたくさん売りすぎてもサービスが低下したら意味がないと、そのうちに気づいた。

「営業成績を上げて認められたいという承認欲求が強かったんでしょうね。でも、まあまあ売れるぐらいのほうが、顧客満足度が高かったりするんです。

売れるだけ売ると、行き届かないところが出てきますね。そういう反省点がありました。この期間に、シンプルに売る力と、トラブルへの対応能力は身についたと思います」

みんなで力を合わせてミスをカバーする

そんな修行期間を経て、佐藤はマネジメントを任されるようになった。

「30歳くらいになって、プレーヤーとしてだけではなくて店長みたいな役割をするようになって、そちらのほうが自分には向いているのかもしれないと思いました」

自分でもセールスをしながら、チームのクレーム対応をフォローする。

「お客さまのところに行くと、奥さまが泣いていたり、ペンを投げつけられたこともあります。『新築で買ったのに……』と。いくら入念に打ち合わせをしても、どうしてもクレームは出てきます」

そんな経験が佐藤を強くした。

「こちらが想像していないことも起こるので、住宅営業は確実に鍛えられますね。息子にやらせたいとは思いませんけど（笑）。でも、経験を積めばそういうトラブルもほとんどなくなりますから、感謝されることも増えますよ」

トラブル対応によって、チームの結束が固くなる。

「何かがあればみんなで対応することになるので、チーム力は上がりますね。ミスをみんなで力を合わせてカバーするというのは、野球部の時と同じかもしれません。チームで戦略を共有して、いい成績を目指すところもそう。この業界に古い雰囲気や慣習が残っていることも、自分には合っていたように思います」

その後、佐藤の主戦場は、個人用戸建て住宅から集合住宅の営業に移る。

「集合住宅の場合、対面するのは土地を持っている富裕層だったり、銀行の支店長だったり、企業の担当者だったりするんです。マンションを賃貸に出して収益を得る場合が多いので、その方々がそこに住むことは少ない。だから、クレーム対応の必要はほとんどありません」

コミュ力《りょく》とキーマンを見つける力

佐藤は2024年3月まで、集合住宅営業本部集合神奈川支店（神奈川全域）の副本部長兼支店長をつとめた。

「部下は70人ほど。神奈川全域の担当で、上から2番目というポジションになります。お付き合いのあるのは銀行の方が多くて、それぞれの支店長との会食が毎日のように入っている状態でして。ほかには、コンサルタントとか税理士とお会いする機会も多いですね」

個人用戸建て住宅よりも予算の規模は大きい。

「個人用住宅の場合は1棟あたり4、5000万円くらいですけど、集合住宅は1棟で3億とか4億という感じですね。だから、半期で何十億という目標になります。私のいる部署の人数はどんどん増えていて、1年で50人、60人の増員になっています。それだけ責任は重くなりますね」

一部の富裕層を除けば、多くは法人との取引になる。

「なかには1年で8棟も買ってくださった会社もあります。企業の場合、ポートフォリオによって、『不動産資産を増やしたい』ということもあるので、準備というか、調査が大事になってきます。なので、普段からのお付き合い、情報交換は欠かせませんね」

この仕事で大事になるのは人脈だ。

「展示場にいれば、個人用住宅を買いたい方が来てくださいます。でも、集合住宅の場合、集客がうまくできない営業マンはかなり苦労します」

事業内容や収支、先々の展望について、軽々しく話す経営者や関係者はほとんどいない。取引先とのリレーションシップ、銀行や税理士とのコミュニケーションが命綱となる。

「銀行の支店長、税理士の方々には本当に助けていただいています。信頼関係がないと、先には進めないので」

ここで、佐藤が高校、大学で培ったコミュニケーション能力やキーマンの見つけ力が生きてくる。

「人の紹介によって、いいお話をいただくことが多いですね。神奈川にはいい土地がたくさんありますし、湘南エリアは特に価値が上がっています。まだまだやりたいこと、やらなければいけないことがたくさんあります」

苦しい時に試される仲間を大事にする気持ち

ずっとアスリートに揉まれながら戦ってきた佐藤は、体育会系の人材にどんな印象を持っているのか。

「体育会に所属した人、アスリートとして勝利を目指した人の長所は仲間を大事にできるところだと思います。楽しい時は簡単ですが、苦しい時、ピンチに陥った時にそれが試されますね。私はずっとチーム競技をしてきたので、特にそう思うのかもしれません」

みんなはひとりのために、ひとりはみんなのために。そう言葉で言うのは簡単だが、実際に行動で示すことができる人がどれだけいるだろうか。

「個人の能力よりも、チーム全員で協力して成果を残すもののほうが多いと感じています。日本にはそういう仕事がたくさんあって、スポーツをしてきた人には向いていると思います」

旭化成ホームズは個人よりもチームを評価する方式を採用している。

「支店単位、チームごとに成績を競うやり方をしています。表彰される場合もそうで、個人は最後になります。そのほうが、結果的にいい数字を残せますから。マネジメントをする立場としては、上位の2割の人は何も言わなくてもやってくれますので、残りの8割をどうやって引き上げるかを考えています」

ひとりがミスをした時には、ほかの誰かがカバーをする。それをさりげなくできるのが体育会OBのいいところだと佐藤は考える。

「勝ちたいとか認められたいという承認欲求が強すぎて、それが裏目に出ることもあるかもしれません。そのあたりは経験を積みながら学んで、まわりの人のサポートを得ながら修正していけばいい。特に営業の仕事では、仲間を大事にする気持ちが本当に大事だと思います」

人間関係がドライになりつつある昨今、団結とか絆という言葉を古臭いと感じる人もいるだろうが、佐藤はそれを重視している。

「そんなのはもう必要ないという声も聞きますが、私はそう思いません。住宅業界には元アスリート、体育会系OBがたくさんいます」

桐蔭学園OBで、伝説の投手だった志村亮もそのひとりだ。1966年生まれの志村は桐蔭学園時代に甲子園に出場したサウスポー。慶応義塾大学でもエースとして活躍し、通算31勝をマークした。プロ野球からの誘いを断って、硬式野球部のない住友不動産に入社したことで話題になった。

「プロ野球の誘いをすべて蹴って三井不動産に入社したというエピソードも聞いていました。桐蔭学園といえば志村さんというイメージもあります。

志村さんは今、三井不動産リアルティで常務取締役をされています。年齢が離れているので一緒に野球をしたことはありませんが、知り合いを通じてごあいさつさせてもらってから、ものすごくよくしていただいています。体育会系のイメージからは遠い、穏やかな方ですが、厳しい一面もお持ちです」

不動産業界には、野球部をはじめとする体育会OBは多い。

「この業界にまだ古い体質が残っているのは事実です。毎日、夜には接待、会食が入っていますし、週末のゴルフも欠かせません。

志村さんもそうですが、野球に関係する人との結びつきは強いですし、いろいろな場面で助けていただきました。今、こうして私がこの業界で存分に働けるのは野球のおかげかもしれませんね」

世の中の変化に合わせて組織を変える

会社員としてステップアップを続ける佐藤の野望とは何か?

「トップを目指してみたいですね。この集合住宅の事業をすべて任せてもらえるくらいまではいきたいと思っています。基本的には年功序列型の会社なので時間はかかるかもしれませんが。

もし自分がもっと責任のあるポジションを任されたらこうしようという具体的なイメージを持っています。私のいた集合神奈川支店の売上はこの2年で2倍くらいになりました。人材の配置の仕方次第ではもっと伸びるはずです。

関東に比べると、まだ関西方面での会社の認知度は高くはないんですが、そちらにもっと力を入れればいいんじゃないかとも思っています。うちの会社の可能性はすごいものがあります」

自身の考えを会社に浸透させるためには、実績とともに突破力が必要だ。現状を打ち破る力も、佐藤が高校、大学で蓄えてきたものだ。

「今の役員は全員が個人用住宅出身だということもあって、私の考えや構想がまだ受け入れられにくいという現状があります。新しいことを提案する場合、役員VS佐藤になることも多い。でも、世の中の変化に合わせて、組織のあり方も、戦術も変わっていかないといけないと思っています」

旭化成が推進するヘーベルハウスこそ、集合住宅に最適だという思いがある。

「私の自宅もヘーベルハウスなんですけど、鉄骨でコンクリートをたくさん使っているので、個人の住宅にはオーバースペックかもしれません。3億、4億というメゾン、賃貸用の集合住宅にこそ適していると思っています。収支構造的にも、建物の構造を考えても」

歴史のある会社の組織や構造、考え方を変えることは容易ではない。だからこそ、佐藤はそれに挑むつもりだ。

「進み方は少しずつになるかもしれませんが、仕組みも考え方も、会社としても形をすべて変えたいですね」

２０２４年４月、佐藤は住宅事業集合建築本部長（集合住宅営業本部次長）になった。７月で50歳になる佐藤にとって、これからの10年が勝負だ。

第2章

はまの整骨院
濵野譲二

「故障、リハビリの経験を治療家として生かす」

PROFILE

1976年、東京都生まれ。大学までテニス選手として活動し、多くの全国大会を経験。大学卒業後、専門学校を経て柔道整復師となる。2008年に整骨院を開院。エコーを駆使し、エビデンスのある治療を得意としている。2014年に株式会社HPMを設立し、訪問看護リハビリステーションを開設。

濵野譲二の父親は関西学院大学のテニス部で名を知られた選手、その兄もそうだった。だから、物心つく前からテニスコートに立っていた。

濵野は言う。

「5歳くらいの頃から父親と一緒にテニスコートに行っていましたね。はじめはボール遊び程度だったと思います」

小学校に入る前にテニススクールに入り、四年生くらいまでは週に2度ほどレッスンを受けたが、あくまで両親やほかの生徒たちと楽しむものだった。

それが変わったのは、10歳になる頃だった。

「血筋なのかもしれませんが、スクールの中ではほかの選手よりも目立っていて、選手として本格的に練習することをコーチにすすめられました。元プロテニスプレーヤーの松岡修造さんが所属していた桜田倶楽部というところです」

桜田倶楽部は、1980年に設立されたテニスカレッジ。東京都調布市に6面のテニスコートを備えている。1996年のウインブルドン大会でベスト8に進出した松岡をはじめ、OB・OGには数多くの全日本王者が名を連ねている。

「同じ1976年生まれで、デビスカップ日本代表メンバーだった鈴木貴男くんもそうです。桜田倶楽部は日本テニス界をリードするクラブのひとつ。私はまだ子どもだったのでそんなことはよくわからず。フィジカルテストを受けて合格したので、そちらに通うようになりました」

そこから、濵野のアスリート人生がスタートする。

「私が通っていたのは大田区にある、小中一貫で高校のない私立の清明学園でした。学校にテニス部がなかったこともあって、桜田倶楽部までほぼ毎日、2時間近くかけて電車で往復していました」

授業が終わって移動して、桜田倶楽部に着くのが17時過ぎ。そこから21時まで練習して帰宅する時には23時になっていた。ハードトレーニングを続けた濵野は中学時代には東京都で準優勝、関東大会ベスト16という成績を残した。

日本式と個性重視の練習を経験

その成績が評価されてスポーツ推薦で入学したのが日大三高だった。日大三高は高校野球の強豪として知られているが、そのほかにもアメリカンフットボール、柔道などスポーツに力を入れている高校だ。

「同期で3人がスポーツ推薦でテニス部に入りました。私は週に1、2回、学校の練習に参加しながら、桜田倶楽部にも通う形をとらせてもらいました。高校の団体戦、個人戦も出ながら、桜田倶楽部所属の選手としても大会に出場していました」

高校野球であれば、その高校で選手登録した段階でほかのユニフォームを着て大会に出場することはできない。高校の部活とクラブでの活動を並行して行う濵野は、スポーツ界では珍しい存在だった。

「同じ高校にいても、野球部員とはまったく感覚が違っていたと思います。野球部もそうでしたが、日大三高のテニス部も、監督の指導や練習が厳しかったですね。団体戦になると声を出さなきゃいけないというルールなど、私からすれば『理不尽だな』と感じることもありました」

桜田倶楽部での練習は、高校の部活とは対照的だった。

「世界で活躍する選手を育てるという目標を掲げていたこともあって、桜田倶楽部にはブラジルなど南米から指導者も来ていて、トレーニングには外国的な要素が多く取り入れられていました。トップの飯田藍さんの方針で、選手の個性を伸ばす指導をしてくださいました」

濵野は、高校では日本式の練習を、桜田倶楽部では国際色豊かなトレーニングを行ったのだ。

「高校ではみんなが同じメニューをするのが当たり前でしたが、桜田倶楽部では『自由に練習していいよ』という感じで、決められた練習が終わったら自分でコーチを捕まえてアドバイスをもらったり、指導をお願いしていました。いい成績を残す選手は自分なりによく考えて練習をしていましたね」

自らのテニスに限界を感じて

濵野は世界で戦うことを視野に入れていたのだが、ここで壁にぶちあたった。

「高校生になった頃、先輩方がプロに進む姿を見て、『自分も！』と思いました。二年生の時に全国選抜でベスト16に入ったんですが、同時に限界のようなものを感じることになりました」

テニスに限ったことではないが、多くの球技で体の大きさが勝負を分ける要因になる。

「私の身長は166センチなんですが、それをハンディに感じるようになりました。松岡さんが188センチ。当時活躍していたアジア系のマイケル・チャンでも175センチあります。小さな選手が世界で戦うのは難しいのかなと思うようになりました」

世界のトップで活躍するのは、ノバク・ジョコビッチ（188センチ）、ロジャー・フェデラー（185センチ）など長身の選手が多い。彼らと並ぶと小柄に見える錦織圭でも178センチある。

「サーブの打点が高いというのもありますし、歩幅も大きいのでボールを拾える範囲が広い。そもそも、最大のパワーが違いますね。お相撲さんをイメージしてもらえばわかりやすいんですが、体が大きい人はどしんとしていて押されてもブレが少ない。小柄な選手はフィジカルのバランスが崩れやすいという傾向があると思います。

小柄な選手でも戦い方次第では十分に対抗できるんですけど、不利は不利ですよね。テニスで言えば、リーチと歩幅の違いが一番大きい」

ATPツアーで2勝している西岡良仁は170センチ、64キロと小柄だが、世界の猛者と対抗できるだけのスピードと技術がある。

「彼のようなテニスができればいいのですが、なかなか難しい。大きな選手よりも速く、正確に動く必要がありますから。瞬発力も持久力も必要です」

それに加えて、故障のリスクがつきまとう。

「長いシーズン、常に全力でぶつかっていくことになるので、故障のリスクが高くなりますね」

濵野もそうだった。故障が続いたことによって、気持ちがふさぐことが多かった。

「手の骨を折ったり、足首を捻挫して戦列から離れたり。技術的な部分では十分に勝てると思っていたんですけどね」

メンタル面の不調がプレーに大きな影響を与えた。

「フォアハンドが不調というか……イップスになってしまって、緊張する場面になると思い通りのプレーができなくなってしまいました」

イップスとは、それまで何も考えずにできたプレーに支障をきたすこと。故障が原因の場合も、技術的な問題から起こるケースもあるが、多くが心因性のものだと言われている。

「ゴルフや野球でよく聞く言葉です。同じようなことがテニスでも起こります。脳が運動神経系のセンサーになっているんですが、恐怖心なのか何かはわかりませんが、そういうものが神経伝達を抑制してしまうことがある。練習とかリラックスした状態なら普通にできることがままならないという状態です」

このままプロの世界に飛び込んでも大丈夫なのか？　そんな疑問が濵野にわいてきた。

「それまでは身体的なハンディを感じることもなく、自信を持ってプレーできていたのに、先のことを考えた時に『苦しいな』と思い始めました」

大学卒業後、テニスコーチになったが……

それでも濵野のセンスと技術が高く評価され、スポーツ推薦で亜細亜大学に進むことになった。

「桜田倶楽部の選手では、金子秀樹選手、鈴木貴男選手、女子では佐伯美穂選手も世界に出ていこうとしていました。みんな、高校時代にそうそうたる成績を残していましたね」

プロ野球選手であれば、ドラフト指名がかかった段階で1億円もの契約金、1000万円を超える年俸が保証されることも少なくない。しかし、テニスの世界は過酷だ。トーナメントに出場して賞金を得ることで、プロとしての活動を続けられるのだ。

「私がいた亜細亜大学テニス部は、大学テニス界で十何年も1位を守っていたところでしたから、強い選手がたくさんいました。でも、プロになれるのはほんのひと握りで、プロの世界で戦い続けられる人はもっと少ない。コーチを職業にする人もいますけど、テニスを仕事にするのは難しいと感じていました」

濵野は、テニス以外に進むべき道を見つけることはできなかった。

「明確に『これをやりたい！』というものがなかったので、自分でできることの中からテニスの指導員になることを選びました。でも、桜田倶楽部のジュニア育成コーチとして活動して半年くらいが経った時、父の病気が見つかったのです」

肺がんと診断された父親は余命3カ月を宣告された。

「父が防水建設、防水施工の小さな会社を経営していました。誰かが父に代わって、その会社を回していかないといけない状況になりました」

濵野はまだテニスコーチとしては駆け出しだった。ほかのコーチと比べれば、選手としての実績も乏しい。自分の性格を考えると、選手を厳しく指導するのは難しいのではないかとも感じていた。

「スポーツはどれも同じかもしれませんが、指導するにあたって答えがないなと思っていました。結果がよければそれでよし、ではないだろう。コーチとして、『これをやれば結果が出る』というものものつかんでいませんでした」

濵野はテニスコーチを退職して、家業を継ぐことに決めた。

家業を叔父に任せ、治療家を目指す

そのまま父親の会社の経営に専念したとすれば、おそらく本書に濵野が登場することはなかっただろう。その後、父の兄が経営者に名乗り出てきたことで状況は一変する。

「テニスしかしたことがないのに何ができるんだ？　そんなことも言われましたね。父は亡くなってしまったので、どうするのがベストなのかはわかりません。大学を出たばかりの私が経営のことを何も知らないのは事実でしたから、身を引かざるをえませんでした」

ここで濵野は考えた。

好きな仕事は何なのか？

自分ができることは何なのか？

「空間デザイン、プロダクトデザインも面白そうだなと考えたんですが、職業にするのは現実的ではない。親族にＨＯＮＤＡのデザインチームにいる人がいたのでいろいろと相談したんですけどね」

最後に残ったのはテニスだった。

「長くテニスを続けるうちに何度もケガに苦しみ、長い時間をリハビリに費やしました。そこで、体のコンディションを整える仕事がいいんじゃないかと考えました。それがあれば、自分の経験を生かせるから」

すぐに、日体柔道整復専門学校に進むことに決めた。

「今はそんな規制がなくなりましたが。その頃はまだ整骨院の院長の関係者とか、卒業生の推薦がないと、専門学校に入ることができませんでした。

私はいくつかの候補の中から一番の老舗である日体柔整の面接を受けて、推薦者はいなかったんですけど、入学することができました。珍しいケースです。スポーツの経験が評価されたんだと思います」

アスリートとしての経験は貴重だ。だが、それだけでは通用する世界ではない。覚えなければいけない知識、身につけなければならない技術はたくさんあった。

「人生の中で一番勉強したと思えるのがその3年間ですね。昼は鍼灸接骨院で働いて、夕方から学校に行ってという毎日でした。週末には、テニスコーチのアルバイトもしていました」

学費は3年間で600万円ほどだった。

「自分に対する投資ですね。その専門学校は1学年で60人くらい。高校を卒業したばかりの18歳、会社を辞めてきた30代、いろいろな人がいましたね。当時、23、24歳の私は自分でお金を払っていたこともあって、真剣に授業を受けました。一発で国家試験に合格してやろうと思って勉強しました」

濵野は晴れて、柔道整復師の資格を得た。

3年で独立すると決めて365日働く

濵野は1年間、整形外科のリハビリテーションで働いた。28歳の時に、カイロプラクティックを取り入れている整骨院の院長で、超音波学会の会長でもある人に「3年で独立したいので、エコーを学ばせてください」と告げた。

「超音波学会と呼ばれるものがあって（正式名称は日本骨軟組織学会）、その学会長の整骨院に、『働かせてください』とお願いし、口に出せないくらいの金額で勤めるようになりました（笑）。のちに妻になる女性と同棲し始めた時で、彼女は歯科助手として働きながら支えてくれました」

資格を取っただけではお金にならない。独立を見据えて、濵野はお金よりも学ぶことを選んだのだ。

「自分の中に『勉強したい、勉強しないといけない』という思いがありました。整骨院にいれば、多くの患者さんが来るので、臨床経験を積むことができます。院長に頭をはたかれることも、モノが飛んでくることもありましたが、それはそれ。厳しい環境の中で、多くのことを学ぶことができました」

病院の整形外科で働いた時よりもはるかに得るものがあった。

「整形外科で、外科の先生がどんな診察をしてどんな処置をするのか、どんな薬剤を使うかということは勉強になりましたが、柔道整復師として働く場所はそこではなかった」

はじめは少なかった給料も、勤務を続けるうちに上がっていった。

「そこの事業が拡大したタイミングだったので、休日もなく365日、毎日働きました。今の若い人には考えられないことだと思います。その頃、院長には『お金も欲しい、休みも欲しい、技術も身につけたい。そんなことを言っても無理だよな』と言われましたが、私も同意見ですね」

院長や仲間との関係も良好だった。待遇もよくなっていた。しかし、はじめに宣言した通り、3年で独立することにした。

「役割が増え、責任も重くなりしましたが、そのまま働こうという気持ちは1ミリもありませんでした。はじめに、3年で独立すると決めていたので。なぜかというと、自分の治療スタイルを試してみたかったから。師匠である院長にいろいろなことを教えてもらいましたが、自分でやりたいことがあったんです。

治療技術以外の接遇の部分だったり、院内の衛生部分だったり、働く人の福利厚生だったり。自分がトップに立たないとできないことがありますから」

父親の会社の経営から離れて7年。濵野は自らの手で「はまの整骨院」を開業することになった。

独立というゴールを決めて、専門学校に入学して国家試験を取り、3年の修行期間を過ごした。アスリートらしく一歩一歩、着実に進むことで、スケジュール通りに一国一城の主になったのだ。

開業して17年、訪問介護ステーションも

はまの整骨院は東京都杉並区、京王井の頭線の富士見ヶ丘駅から徒歩1分の場所にある。

「もともと父方の実家が久我山にあったということもあり、この場所を選びました。はじめは15坪ほどのスペースだったんですが、たこ焼き屋だったところを拡張し、今では20坪ほどあります。スタッフは私と受付を含めて9名」

二階には訪問看護ステーションがある。

「常勤の人が15名、非常勤のスタッフを合わせると33名おります」

2024年、開業から17年目を迎える。

「はじめは個人事業として始めて、7年経ったところで株式会社HPMという法人を立ち上げました。訪問看護ステーションを始めて、ちょうど10期目になります。

患者さんの内訳でいうと、アスリートが2割、スポーツ愛好家が4割、5割、それ以外が高齢の方、子どもさんという感じでしょうか」

腰や首、ひざに痛みのある人、日常の痛みやストレスを軽くしたいという患者にどう接しているのだろうか。

「もちろん、症状によりけりなんですけど、機能改善するためには強化とリハビリが大前提。生活習慣を見直すことが大事です。うちの整骨院でやることがすべてだと思っていなくて、家でできることを伝えて『治療は自分自身が頑張っていかなきゃいけないものですよ』というお話をしています。運動療法がベースになりますね」

治療することで一時的に痛みが軽減されても、機能自体に問題があったり、筋力が弱かったり、可動域が狭かったりすれば、すぐに元に戻ってしまうからだ。

住宅地の中にあるはまの整骨院には、高齢の患者が多い。

「開業した時と比較すれば、患者さんの年齢が上がっていることを実感しています。

ここで、訪問看護ステーションが活きています。整骨院に来られなくなった方をステーションで見させていただくことも多く、100人近い方に利用していただいています。そういう部分で、地域貢献ができているのではないでしょうか。

私はメディカルの部分を大事にしているので、医療として何か提供できるものはないかと考えて始めたのが訪問看護ステーションだったんです」

やりたいことがあるのなら、口に出すべきだ。そのうえで実現可能性を探ればいい。

「やりたいことを具現化するのが私のモットーです。職員と会議をするなかで、よく話をしています。自分が思ったことをやってみて、それが失敗したとしてもそれでいい。形にすることが大切なのだと思っています」

繊細なトップアスリートに寄り添う

プロになることを目指した濵野のテニスプレーヤーとして経歴を認めて、来院するアスリートも多い。

「アスリートに関して、メンタルのサポートが非常に重要だと考えています。だから、なるべく積極的にコミュニケーションを取るように心がけます。『先生から見てどうですか』と選手に聞かれることが多い。トップアスリートになればなるほどそうですね」

肉体を鍛え酷使するアスリートは自分の体のことをよく知っている。しかし、自分ではわからないこともあるからだ。

「痛みや違和感がある時に『この状態でプレーを続けても大丈夫ですか』とよく聞かれますね。ストレッチをかけたり、動いてもらって痛みの反応を見て、エコーを使って損傷や腫れはないかを確かめたうえで、その都度、『問題ない』とか『ストップしたほうがいいいよ』とお話しします。

温めたほうがいいのか、冷やしたほうがいいのか。トレーニングを続けたほうがいいのか、休んだほうがいいのか。そういうことも伝えます」

痛みの程度は本人にしかわからない。患部にどれだけ不安を感じているかも他人からは見えない。

「治療を終えて、ここから出る時に落ち着いた気持ちになれるように、また積極的に治療に取り組めるように心がけています。アスリートには、背中を押してほしい時もストップをかけてほしい時もあると思うんですよね。彼らは本当に繊細ですから」

濵野の治療で特徴的なのは、エコーを使うことだ。

「柔道整復師は法律的にレントゲンを撮れません。『こうかもしれないからこんな治療をしましょう』ということが多いのですが、私にはそれが納得できなかったんです。でも、このエコーに出合ってから、確信を持って治療できるようになりました」

痛みに関する表現は患者によってまちまちだ。

「痛みに敏感で神経質な選手もいれば、少しぐらいの痛みであれば平気でプレーを続けられる人もいます。慎重になりすぎて休むのもよくないし、危険な症状のままやり続けて疲労骨折することがあったら大変。そのあたりの判断が本当に難しいですね」

選手の性格を見極めながら、濵野は言葉を選ぶ。

「有名選手になればなるほど、まわりのスタッフも多いし、いろいろな意見が出てきます。トレーナーサイドの見解と、選手が自分で感じていることを照合して理解してもらわないと、いい方向には進みません。だから、関係性が大事になるんです」

濵野には数えきれないほど、アスリートの体に触れてきた経験がある。

「痛みの感じ方、センサーに違いはありますが、人の体には共通点があります。痛みに至るメカニズムは同じです。エコーを使うことで不調の箇所を可視化できるので、安心して治療に専念してもらうことができますね」

故障個所の状態によって、手術が必要なのか、運動療法がいいのか、鍼治療がいいのかが分かれる。

「それぞれに適したものがあると思っています。『何でも治します』というのは違いますよね。その症状なら何がベストなのかを見定めることが大事だと思います」

アスリートは時間の投資ができる

テニスプレーヤーとして、治療家として、濵野は数多くのアスリートと接してきた。

「テニスには団体戦もあるんですが、個人競技に近いですね。選手たちを見ていると、野球やラグビー、サッカーとは違います。テニスの場合は、自分がオーナーとなって、すべてを決定していく。プロであれば、自分でマネジメントをして、資金を確保して、戦っていく。だから、いい意味で自分主体で、わがままな選手が多い。

団体競技の選手たちはチーム内の決め事や規律があるので、しっかりしているという印象です。協調性もありますね。自分の役割、仕事がわかっている選手が多い。ビジネスをするのならば、団体競技の選手のほうがうまくいくのかもしれませんね」

幼い頃からスポーツに打ち込んできた人には、独特の時間感覚があると濵野は言う。

「アスリート人材のよいところは、時間の投資ができるところ。自分なりの目標を掲げて、それに向かって時間を使った経験を持っていますよね。ものごとは簡単には成し遂げられない、相応の時間がかかるということを知っています。

私の場合で言うと、テニスプレーヤーとしてこの部分を強化したい、こんな技術を身につけたいと思った時に、『どうすればうまくいくのか』『この失敗をどう次につなげるか』と考えながらトレーニングを続けました」

今日練習をしたからといって、すぐに身につくものではない。

「目標に到達するまでにはどうしても時間がかかりますが、そこで辛抱できる、あきらめない、継続できるというのがよいところだと思います。それはスポーツ以外のことにも通じるのではないでしょうか」

もうひとつはメンタルの部分だ。

「いい成績を残すアスリートは、ポジティブな思考を持っていますね。小さなことでくよくよしない。特にプロの場合は試合数が多いので、落ち込んでばかりはいられません。1日1日アップデートして、次の試合に臨む。失敗から何を学ぶかが大事ですね」

一方で気になるところもある。

「あえて挙げるとすれば、数字に弱いところ。気持ちや感覚で動く人が多くて、裏付けとなるものを軽視しがちな気がします。強い気持ちを持って突き進むのはいいんですが、数字やロジックに弱いのでは？　と感じることもあります」

打ち込んだスポーツの近くにあるもの

濵野がプロを目指した20代の頃から30年ほど経過し、最前線で戦うトップアスリートは確実に進化している。

「体のコンディションについても、栄養や睡眠に関することも、ものすごく勉強熱心なアスリートが増えたと感じています。リカバリーのために何が必要かというようなこともしっかりと学んでいます。大谷翔平選手（ロサンゼルス・ドジャース）のインタビューなどを聞くと感心しますね」

どんなに素晴らしい才能を持ったアスリートにも引退の時はやってくる。セカンドキャリアで大事なものは何なのだろうか。

「その人にとってどんな仕事が合うかを見極めるのは本当に難しい。どうしても適性というものがありますから」

たとえば、営業や会社経営などまったく違う世界に飛び出す人もいれば、自分が打ち込んだスポーツの近くにある職業を選択する人もいる。

「やっぱり、ゼロからのスタートはものすごく大変です。思いだけでは仕事にできませんから。だから、小さい頃から打ち込んできたもの、大好きだったスポーツの経験を活かせるものがいいと思います。私の場合は、それがうまくいった例でしょうね」

濵野はトップアスリートのメンタルも理解できるし、故障した時の不安にも寄り添うことができる。

「自分が経験したことがダイレクトに仕事に役立っていると感じています。だからこうしてやれているんじゃないでしょうか」

はまの整骨院のスタッフにはスポーツ経験者が多い。

「全国的な実績のある人はいませんが、それぞれに運動経験はあります。それがないと、この仕事はうまくいかないでしょうね」

アスリートの気持ちも競技の厳しさも知らなければならない。

「自分の体験をもとにアスリートの気持ちを想像することは大事ですね。特に、コミュニケーションを取るうえではそうです」

濵野は治療家であり、経営者でもある。

「訪問看護ステーションも合わせると、40人近いスタッフがいます。そういうチームを運営するにあたって、税理士、社労士、財務コンサルタントなどのプロフェッショナルにさまざまなアドバイスをもらっています。

専門分野の人の意見を聞き、受け入れることが大事だと考えています。雇用について、労基関係のこと、就業規則やスタッフのメンタルについて、学ばないといけないことはたくさんあります」

濵野には今後やってみたいことがある。

「ドクターと共同でもっとできることがあるんじゃないかと考えています。柔道整復師についてよく思っていない先生がいるのも事実ですが、われわれをしっかり認めてくれる人もいます。ドクターだからわかることもあれば、私たちのほうが見えることもある。それを突き合わせることで、いいものが生まれてくると考えています」

手術が必要な場合もあれば、保存療法のほうがいい時もある。いろいろな方向から可能性を探ることで、答えに近づけるはずだ。

「すでに信頼関係ができているドクターもいますし、連携がとれている病院もあります。手術に関してはドクターにしかできませんが、私たちのほうが体に触れる機会は多いので、画像で見えないものに関しては答えに近い可能性があります。ケース・バイ・ケースで判断できるようになれば救われる患者さんが増えるのではないでしょうか」

やりたいことを言葉にして、実現の可能性を探る。

濵野はこれからも、自らのモットーを実践していくつもりだ。

第3章

ダイヤモンドファンタジー

井上達樹

「スポーツ経験を糧に売上36億円のIT会社を起業」

PROFILE

1976年、大阪府生まれ。中学から大学までの10年間、バスケット漬けの日々を過ごす。 京都産業大学を卒業後、新卒で入った会社を3カ月で退社し、1年半フリーターを経て、某IT企業へ第2新卒で入社。営業、人事を経験し、2009年、(株)ダイヤモンドファンタジーを創業。

エースの桑田真澄と四番打者の清原和博（ともに元読売ジャイアンツなど）がいたPL学園野球部（大阪）が日本一になった1985年夏。ふたりの怪物が歓喜の輪の中にいた時、1976年生まれの井上達樹は9歳だった。

井上は当時をこう振り返る。

「あのKKコンビと同じ大阪の生まれですから、野球少年としては当然、PL学園に憧れますよね。ふたりの甲子園での活躍は本当にすごかったですから。僕だけじゃなくて、『あんなふうになりたい』『甲子園で優勝したい』と、みんながそう思ったんじゃないですか」

幼い頃からチームメイトより大きかった井上も、そう夢見る野球少年のひとりだった。

「特別に目立つ存在ではなかったかもしれませんが、そんな思いを持っていました。でも、親に大反対されましたね」

中学生になったら勉学に励むように。そう強く言われてしまったのだ。

「スポーツをするのはやめなさい。野球なんて絶対にダメということで……そう言われても僕は勉強よりもスポーツが好きな子どもだったので、全力で親を説得しました」

両者の間で合意に達した折衷案が「野球以外のスポーツならＯＫ」だった。

「当時から背が高かったので、中学校のバスケットボール部に入りました。そのうち、『ＳＬＡＭ　ＤＵＮＫ（スラムダンク）』にはものすごく影響を受けるようになりました」

『ＳＬＡＭ　ＤＵＮＫ』とは、１９９０年に『週刊少年ジャンプ』で連載が始まったバスケットボールマンガだ。１９９３年にアニメになり、日本中にバスケットブームを巻き起こした。

「中学三年の時にあのマンガが大ブレークして『もっとバスケットを頑張ろう』と思ったんですけど、夏前くらいには親から『高校受験があるからバスケットはやめて勉強をしなさい』と言われてしまいました」

しかし、そこで援軍が現れた。

「担任の先生とバスケ部の顧問がうちの父に、『この子は勉強よりもスポーツをさせたほうがいい』と言ってくれました。その日から父は『勉強はいいから、バスケットをやれ』となったんです（笑）」

日本体育大学でバレーボール部に所属していた担任の言葉が父親の心に響いたのだ

ろう。

「詳しいことは聞かされてないんですが、本当にコロッと方針が変わりました。スポーツのよさを説いてくれたんじゃないでしょうか」

ジョーダンのプレーに憧れても……

担任は井上の可能性を認めていたのだろうが、普通の中学校の部活に過ぎない。チームの成績も目立ったものではなかった。

「中学時代、大阪は8つか9つの地区大会に分かれていて、そのひとつの地区で2位くらい、大阪府大会でベスト64とか、32に残れるかどうか。強豪高校の指導者が注目するような成績ではありませんでした」

しかし、長身の井上には光るものがあった。

「当時、大阪府で一番強かった初芝高校（現・初芝立命館）からスポーツ推薦の話をもらいました」

アメリカのプロバスケットボール、NBAではマイケル・ジョーダン（シカゴ・ブルズ）が大活躍していたが、遠い遠い海の向こうの話だった。日本にプロのバスケットボールリーグはなく、日本代表は1976年のモントリオール大会以降、長くオリンピックから遠ざかっていた。

「ジョーダンの全盛期でしたから『すごいな』と思っていましたが、自分たちがやっているバスケットとはあまりにも次元が違い過ぎました。『あんなふうになりたい』とも『NBAを目指そう』とも思えなかった。夢の世界の話ですね。

高校時代のポジションは、わかりやすく言うと、『SLAM DUNK』のゴリ、キャプテンの赤木剛憲のポジションでした。大学では桜木花道、今のNBAなら八村塁（ロサンゼルス・レイカーズ）のポジションをやりました」

高校時代にインターハイ、国体、大学でインカレへの出場を果たしている。しかし、国際的な基準で考えれば、192センチの井上であっても、特別大きいわけではない。

「バスケットは、身体能力の差が出る競技だと思っています。コンタクトのある団体球技の中で一番コートが狭いじゃないですか。外国人選手みたいにデカくて速い選手と対戦したら、ぶっ飛ばされて終わり。なかなか厳しいスポーツです」

高校卒業後に京都産業大学に進んだ井上がぼんやりとイメージしていたのは、実業団でプレーすることだった。

「日本にはまだプロのリーグがなかったので、『実業団で続けられればいいな』というくらいのイメージでした。プロなんて、考えられなかった。そんな発想自体がありませんでした」

フリーターをしながらやりたい仕事を探す

野球、サッカーに次ぐ3番目のプロスポーツとして、Bリーグが誕生したのは2016年秋のことだ。

「僕たちの頃は日本人選手がNBAでレギュラーになることなんか、想像もできなかったですね。八村や渡邊雄太（元メンフィス・グリズリーズ）の存在は大きい。渡邉の活躍もあって、2024年パリオリンピックの出場権も勝ち取りましたから」

しかし、井上が大学を卒業する1990年代後半には、今のようなバスケット人気はまったくなかった。

「それほど強いところではなかったんですが、監督を通じて実業団のチームから誘われましたが、大学の後半でもう、実業団で競技を続けるのはやめようと思っていました。バスケットを仕事にすることは考えられなかった」

しかし、時は〝就職氷河期〟。体育会出身者であっても、希望する企業に就職することは困難だった。ずっとバスケットに打ち込んできた井上に、具体的な仕事のイメージはない。

「どれだけ『何をしようかな』と考えても、本当に何も浮かばなかったんです。ただ、父に『就職くらいはしろ』と言われていたこともあって、親父の伝手で勤めることになりました。

エンジニアの会社に就職してはみたものの、自分で選択をして入った会社ではないのですぐに辞めてしまいました。やっぱり、何をしたいのか、わかりませんでした」

実家暮らしで親の目があるから、何もしないわけにいかない。それから1年半、井上はフリーターとして過ごすことになる。

「大学時代に、日払いのアルバイトをしたことはありましたけど、肉体労働をしたいわけじゃない。運送会社で働いたり、工場で商品の仕分けをしたり、いろいろなことをやりました」

大阪・ミナミの高級なダイニングバーでバーテンをしている時に、ひらめくものがあった。

「そこはオシャレなところで、お金持ちがキャバクラで勤めるきれいな女性を連れてくるような店だったんです。僕は23歳くらいで、『すげえな』と思いながら接客をしていました。どんな仕事をしているのかはわからないけど、羽振りのいい人たちが大勢来ていて、毎日のように、『おまえも飲めよ』と言われてごちそうになっていましたね」

その時、自分が本気で熱中できることを探していた井上の頭に、「お金を稼ぐこと」が浮かんだ。とにかくお金を稼ぐということをやってみよう。お金があれば、違う世界を見られるかもしれない。

すぐに就職情報誌を買って、稼げる仕事を探し始めた。

「就職活動のために、『B-ing』という求人雑誌を買って、営業歩合のつく会社の入社試験を片っ端から受けていきました。『20代で年収1000万円』みたいな、今考えれば話がよすぎる、怪しい会社もありました」

ソフトバンクや光通信などITベンチャー企業の台頭が目覚ましかった頃のことだ。

「その周辺の会社の求人がたくさんありました。ベースとなる給料があって、それにインセンティブがつく形だったので、頑張れば頑張るだけ収入が増える」

未経験でも月々の給料が保証され、成績がよければその何倍も稼ぐことができる。

「僕にとっては、結果が見えるというか、仕事の成果がわかりやすかったんですよね。数字を残せば多くのお金がもらえる。ある意味、スポーツに似ているなと思いました。バスケットなら得点を決めて試合に勝てば評価される。それと同じですね」

成績を残せなければ居場所はない。しかし、アスリート時代に培った突破力で数字を上げていった。

「初めてインセンティブをもらったのは、入社して半年くらいが経ってから。25万円くらいの給料に20万円を超えるインセンティブがついて、『この仕事はすごい』と思いました。それからは、それまで以上に頑張ってセールスしていきました。

労働環境を考えれば、ほとんどブラックだったでしょうね。休暇も取らずに働いていました。僕はとにかく、営業の仕事に没頭していたという感じですね。本当に楽しかった」

27歳で年収1000万円を超えた

井上が売っていたのは、会社のビジネスフォンやオフィス機器、インターネット環境の整備に必要なものだ。

「ISDNとかADSLが出たての頃で、ネットワーク回線の提案をしたりしていました。法人相手なので、1件成約すれば成果は大きい。大きな会社であればあるほど組織がデカいので、数字も積み重なっていきます」

井上が積極的に営業をかけたのは、従業員が10人から100人くらいの規模の会社だった。

営業の仕事を始めて4年ほどで、ひとケタ違う年収を得ることになる。

「27歳の時、年収が1000万円に届きました。でも、特別なことをやっているつもりはありませんでした。営業先を回って、愚直に商品の説明や提案をすることを繰り返しただけです」

初めて回る取引先にも、臆することなく飛びこんでいった。

「会社にはテレアポ部隊があって、先に電話で見込客のあたりをつけてくれて、営業マンがそこを訪問するスタイルでした。朝出勤した時には1日のスケジュールが組まれています。はじめはチームの一員として動き、そのうちにチームを任されるようになりました」

ライバル企業に負けないために、さまざまな作戦を練った。

「2、3社の競合があり、少しでも先を行けるようにと知恵を絞りましたよ。営業として、自分やチームの数字が上がることを楽しみに、また励みにしていました。5年ほど、セールスの仕事を続けました」

時代の波に乗り、会社の規模は大きくなった。しかし、過剰なまでに数字を追い求めるうちに、さまざまな問題を抱えることに……。

「29歳の時に大阪から東京の本社に異動になりました。そこで担当したのが人事です。それまではイケイケの営業マンをまとめていたのに、女性ばかりのオフィスに座って（笑）。管理部門なので、業務内容にも雰囲気にも戸惑いがありました」

会社の幹部と接することも、会社全体の数字を目にする機会も増えた。

「ガバナンスをあまり重視していない会社だったので、『あれっ』と思うことも多かったですね。業績が厳しくなると従業員を大事にしなくなり、会社を辞めることを考えはじめました。『俺が会社にいる意味ないなあ』と」

この会社のおかげで、生きる力はついた。「この会社でなくても稼ぐことはできる」という思いがあった。

「ある時、上司とやり合うことになり、『あなたみたいな人と働くのは嫌なんで、自分でやります』と宣言しちゃったんです。何をするかは全然決めてなかったのに」

それが32歳の時だ。1200万円を超える年収を捨てて、会社を飛び出した。

「育ててもらったという感謝の気持ちはあります。しかし、残念ながら、あまりお客さまに喜ばれる会社ではなかったので、次は『喜ばれる仕事をやろう』と考えました」

『やったるぞ』の気持ちだけで起業

さまざまな人に会い、起業のタネを探した。そこで出会ったのが、ロールケーキやチーズケーキを販売することだった。

「冷凍でいけるから、ということで始めました。僕自身はスイーツ好きではありませんでしたけど、商材としての魅力を感じました。振り返ると、まだ若くて何も知らず、あったのは『やったるぞ』という気持ちだけでしたね」

自分には、商品を売る力があると自負してもいた。

「営業として数字を残してきたので、『営業すれば売れるやろ』とも思っていました。きちんとした営業計画もなく、起業しました。ケーキのOEMの会社オーナーに、『まあ、頑張りや』と言われて、『ガンガン売ってきます』と宣言しました（笑）」

井上は、「空気でも売ってやる」と意気込んでいたが、残念ながら、起業はうまく進まなかった。

「まあ……売れるわけないんですよね。販路もなければ、お得意さんもいないので。空港とか駅中の売店とか、サービスエリアを攻めて契約はできても、そのあとが難しかった。

創業メンバーと一緒に全国を回り、電話をかけて営業して、というスタイルでした。ほかにテレアポして営業するところがないから、けっこう話は聞いてもらったんです。だけど、どれだけ頑張っても収支が合わない。1個数百円の商品だと数を売らないといけないから儲けが出せない」

創業は2009年、世界中がリーマンショックに襲われた翌年だった。

「リーマンショックのあおりを受けて、新規の会社に銀行が金を出してくれなくなっていることも知りませんでした」

1000万円を超える年収を得ていた井上だが、貯金はほとんどなかった。

「親に頭を下げて借金をしました。親が公務員だったので、父の保証を付けてやっと800万円ほど借りることができました」

井上はここでケーキの販売に見切りをつけた。

「事業ドメインを変えることにしました。知り合いの社長に『法人向けで単価の高いものは何?』と聞いて、インターネット広告にたどりつきました」

インターネット広告で売上が大幅アップ

パソコンにもインターネットにも詳しくなかったが、この方向転換が吉と出た。

「まったく、その世界のことは知りませんでした。パソコンを使ってすることといえば、ネット検索とWORDで文章を書く、Excelで計算するくらい。

それまでに自分がしていた営業の、商材を変えただけですね。一緒にケーキを売っていたメンバー3人のうちひとりが抜けたので、僕ともうひとりでやり始めました」

ピンチはチャンス。切羽詰まった時に、事態を変える一手となった。インターネット広告に切り替えたのが2011年。しかし、3月に東日本大震災に襲われる。

「テレビではACジャパンの広告しか流れないという状況でしたが、当時はインターネットのブログが流行っていて、そこでの広告が目につきました。アタックリストをつくって営業をかけたらけっこう話を聞いてくれて。そこから売上が上がっていき、いい仕事を見つけたなと思いました」

売上は右肩上がりに増えていった。

「社員は増えたり、減ったりでしたね。お客さまを持って出ていく営業マンもいましたし。でも、それは仕方がないことだと割り切りました」

株式会社ダイヤモンドファンタジーは現在、東京都中央区、銀座三丁目にオフィスがある。デジタルマーケティング、ITソリューションが主たる事業だ。2018年には16億8000万円の売上を記録している。

「けっして売上至上主義ではありませんが、それまでは売上を上げることに重きを置いてきました。モノが売れることの楽しさを感じ、会社を成長させる喜びを感じていました。でも、売上が20億円くらいになった時、急に仕事が楽しくなくなったんですね」

新型コロナウイルスが拡大する2020年の前あたりから、井上の心境に変化があった。

「会社を変えようと考えるようになりました。売上が上がっていても『何かが違う』と思って。そうして、自分たちの思いを言語化しました」

この会社の理念は何か？

どこを目指して進んでいくのか？

「自身のメッセージも変えていきました。会社の売上を上げるのは当然なんですけど、中身を変えようと。『ただ儲かればいい』というのはダメだと思いました」

稼ぎながら新しい未来をつくる

熟慮の結果、ダイヤモンドファンタジーはこのような企業理念を掲げた。

●基本理念

世の中から求められる 素敵なひとである

●素敵なひとの5カ条

1 お客様を、仲間を、家族を愛し、感謝と敬意を払う
2 仕事をとにかく楽しみ、熱をもってやり遂げる
3 報告・連絡・相談・レスポンスを速やかに、関わる人と協調する
4 やってみようやの精神で、新しいことにチャレンジする
5 ユーモアな発想を磨く

●Vision

『もっと、もっと面白い未来』
オンライン、オフラインの垣根を越えて
心が〝じんわり〟する感動を届ける
もっと人の心がつながる、もっと面白い未来に。

●Mission

『こんなん、できるんや！』

サービスの本質は相手の期待をこえること

誰よりもまず、自分たちが驚く仕事をする

●Value

『みなぎる、私たち。』

情熱は、自ら生み出し

仕事は、自分たちでつくりだす。

未来は、私たちで面白くする。

井上はこう付け加える。

「足元をしっかり稼ぎながら、新しい未来をつくろうと。事業もサービスもチームも、人によってよくもなるし、悪くもなると考えています。だから、給与・待遇、事業（サービス）、企業風土、メンバーが『成果と成長』を手に入れるための仕組み、環境づくりを行い、メンバーが誇れる会社にしていきたい」

そのためには、人柄とスキルを兼ね備えた「素敵なひと」を採用し、教育しなければならない。

「現状はデジタルマーケティング、ITソリューションを軸にBtoBのサービス提供を行っています。今後は、さらなるサービス強化をスピーディーにしていくつもりです。お客さまが求めるサービス、お客さまが気づいていない創造的なサービスをBtoCで提供したい。そうすることで、Visionとして掲げる『もっと、もっと面白い未来』を実現することができるのではないでしょうか」

世の中になくてはならない会社に！

会社の方針が変われば、そこで働く人にも変化が起きる。

「それまで頑張ってくれていた人が何人も辞めていきました。その環境の変化に魅力を感じられなかったのでしょうか。お客さまにもっといいサービスを提供しようと考えてやったことなのですが、頑張ってくれていた人が辞めたというのは、僕の力不足だと思っています」

退職者が出て、それと入れ替わるように新しいメンバーが増えた。会社は少しずつ形を変えていく。

「今は、お客さまのために何ができるかを一番に考えるスタッフが頑張ってくれています。人はなかなか変わらないものだけど、行動は変えてもらわないといけない。僕が今考えているのは、この世の中になくてはならない会社になること」

創業15年目を迎える。井上は今年で48歳、自らのゴールを考えることもある。

「死ぬまで社長という創業者も多いですが、会社の就業規則上、60歳で定年退職と決まっているので、そこをひとつのラインと考えています。老害になった人間が会社にしがみついていても仕方がない。50代前半のうちに次に会社のかじ取りをする人のことも考えないといけないでしょうね」

ベンチャー企業の多くが社長交代で苦労している。創業者にカリスマ性があればあるほど、バトンタッチは簡単ではない。

「僕はリクルートという会社が好きで、いろいろな本を読みました。バトン経営と言われるように、何人も社長が交代しても、根本には創業時の精神というか、リクルートらしさが残っているように思います。実際に優秀な人が多いですしね。有能な社員がいて、なおかつ新陳代謝が激しいというのはひとつの理想かもしれません」

過去の成功体験が邪魔になる

井上は学生時代に打ち込んだバスケットに近い仕事を求めなかった。「お金を稼ぎたい」という気持ちをエンジンにして、セールスマンとして成果を残し、自らの力で会社を立ち上げた。

創業10年ほどで30億円を超える売上をあげる組織を作りあげた井上は、ビジネスの世界における体育会ＯＢ、アスリート人材についてどう考えるのか。

「ある程度の成績を残したアスリートには、必ず成功体験があります。でも、なかには、自分に対して自信過剰というか、成功体験を必要以上に大きなものととらえる人もいます。たとえば、サッカーで日本代表だったとしてもビジネスの世界で活躍できるわけではない。過去の成功体験やプライドが邪魔をすることがあるかもしれません」

アスリート時代の実績はもう過去のこと。ビジネスの世界に持っていけるわけではないのだが、そう思えない体育会OBも多い。

「過去の栄光が足かせになっている人を見ることもあります。アスリートとしていくらすごかったとしても、それはそれ。そう考えられる人のほうが軽やかに渡っていっているように見えますね」

井上はアスリートの長所がどこにあると考えるのか。

「どんなスポーツをする人でも、幼い頃にチャレンジすることを覚えますよね。はじめはうまくいかなくても、何度も練習して、そのうちにできるようになる。自分やチームが決めた目標に向かって突き進むことを、当たり前のようにしていきます」

試合に勝った時、悔しい敗北を喫した時、それまで味わったことのない感情にぶち当たる。

「うれしい、悔しい、喜び、悲しみなどを感じることはものすごく大事だなと思います。心の底からうれしいとか、悔しくて泣くという体験はなかなかできるものではありません。それだけ真剣に打ち込んだという証拠ですから」

井上は自身の学生時代をこう振り返る。

「僕は学生時代に、心が折れた経験があります。もちろん、楽しかったこと、うれしかったこともたくさんあるけど、中学から大学までの10年間を振り返った時には、悔しさしか残っていなかった」

敗北も悔しさも、前に進む時の糧になる。

「おそらく、そんな経験をした分、バスケットに代わるものを探していたんでしょうね。自分が本気で取り組むことができる仕事に出合うまでに時間がかかったのはそのせいだったのかもしれません」

井上は10代の頃のように、全身が燃え上がるようなことがしたかったのだ。

「フリーターをしたあとに営業の仕事を知りました。思い切ってチャレンジをして、成功や失敗をたくさん経験して、ビジネスマンとしてのベースやスキルが身についたんだと思います」

失敗したあと、前に進めるのか

スポーツに打ち込んだ経験があったから、ビジネスマンとして飛躍できたと考えている。

「少年時代の原体験が今に生きています。そう強く感じますね。スポーツで勝つためには頭を使わないといけないし、チームのみんなと協力しないといけない。僕は団体競技を長くやっていたので、仲間をサポートする重要性を知っています。仲間と力を合わせて勝利を目指す過程でものすごく感情が揺さぶられるんです。

スポーツとビジネスでは形が違うけど、共通する部分もたくさんあると感じています。社員のみんなにそういう話をすることもあります。スポーツから得たさまざまなものが僕のDNAになっていると強く感じますね」

新人を採用する際の面接で、スポーツ体験やそこで学んだことについて尋ねることもある。

「体育会OBや元アスリートとの面接の場合、その人たちの体験談を聞くようにしています。勉強に関する話は僕にはピンとこないというのもありますが、『今までどんな失敗をしてきたのか』『壁にぶつかった時にどうやってそれを乗り越えたのか』と質問することが多いですね」

多くの新人はこの会社で初めての仕事につくことになるだろう。当然、一人前になるまでには多くの失敗があるはずだ。そこで立ち止まるのか、前に進むのか。本人の心構え次第で成長のスピードは変わる。

「苦しい時に踏ん張れる人なのかどうか、そういうところも見ています」

井上が考える「もっと、もっと面白い未来」をつくるためのカギを、体育会ＯＢ、アスリート人材が握っているのかもしれない。

第4章

アチーブメント

高木謙治

「元アメフト選手が考える『理想のアスリート』」

PROFILE

1978年、大阪府生まれ。大学卒業後、大手就職情報会社に入社。1年目に営業社員1300名中1位の成績を収める。2009年にアチーブメント株式会社に入社。2012年にはMVPと社長賞を同時受賞、3年連続で社内トップの売上をあげる。理念経営の普及をミッションに、これまで経営者・人事と共に150社以上の組織の変革を推進。

初めて取り組んだスポーツをその後も続けるアスリートもいれば、いくつもの競技を経験して自分に合ったものを見つける選手もいる。

少年時代に少林寺拳法やソフトボールをしていた高木謙治は後者だった。

「物心ついた時から、いろいろなスポーツをやっていました。小学生の時にしていたソフトボールの延長で中学生になってから野球を始めました」

1978年生まれの高木が所属した準硬式の野球部は昔ながらのスタイルを貫いていた。猛練習を課す監督がいて、選ばれた者だけがボールを使って練習をする。下級生はひたすらランニングか、肉体強化練習か。野球の楽しさとは遠いところにあった。

「もちろん、野球部員の髪型は全員、丸刈りでしたね」と高木は笑う。

ボールを投げることもバットを振ることもほとんどない。

「練習中はずっと走っていて、懸垂が何回か以上できる者だけがバッティング練習に入れるという不思議なルールもありました」

そういう理不尽さに耐えしのぶ選手もいたが、高木はそうではなかった。

「ボールを使った練習、いわゆる野球ができないことにムカついて、『なんだよ、これ!』と思っていました。いずれは甲子園に行きたいのに、試合に出ることさえ難しい」

そんななかで野球という競技への興味を失っていった。

「僕が通っていた中学には今では優秀な生徒がたくさんいますけど、当時はヤンチャな子も多くて。放課後はグラウンドじゃないところのほうが楽しくなりました。有り余るパワーを外で使っていましたね」

生徒指導の教師から注意を受けることも増えた。その教師はラグビー部の顧問だった。

「先生に『そんなに力が余っているんならラグビーやれよ』と言われました。もしチームに気が合うやつがいるんだったら、やってみてもいいかな？　というのが始まりでした」

コンタクトスポーツの面白さに気づく

ボールを持った選手を倒せば、それだけで褒められる。肉体的な接触を伴うコンタクトスポーツが高木の性格には合っていた。

「ラグビー自体には興味がなかったし、走り込みもあってハードでした。でも、僕にとっては肉弾戦が楽しかった。仲間たちと『もっとちゃんとやれ!』とか『おまえ、生意気だな』とか言い合いながら、練習に励んでいましたね(笑)」

ラグビーの練習中、チームメイトと激しくぶつかり合うことも少なくなかった。

「なんだかんだと言い争っているチームメイトが、試合になれば100パーセント協力して勝利を目指す。そんななかで仲間を大事にする気持ちも生まれてきましたね」

ラグビーの盛んな大阪府で、高木の中学はベスト8まで勝ち上がっていった。

「ケンカしたり、仲直りしたりという毎日でしたけど、本当に楽しかった」

中学の最後の大会が終われば、選手たちの進路は分かれる。ラグビー名門校や強豪校にスカウトされる者もいた。しかし、高木はラグビー強豪校への進学はかなわなかった。

高木が進学した高校に、中学時代の仲間はひとりもいない。ラグビー部の練習を見学したら、あまりの低レベルで落胆してしまった。

「高校なのに、僕がいた中学のチームよりも弱いくらいでした。ここでラグビーをやってもしょうがない。そう思いながらアメリカンフットボール部の練習を見たんです」

ラグビー同様に激しいコンタクトスポーツであるアメリカンフットボールに惹かれ

るものがあった。

「アメフトの防具をつけた選手たちを目の前で初めて見たんですよ」

高校生からアメフトを始める選手が多いということを高木はどこかで聞いたことがあった。

「野球やサッカー、ラグビーは幼い頃からやっている人が多くて、高校生から始めても難しい。だけど、『アメフトならてっぺんを目指せるかも？』と思いました」

ルールもよく知らなかったが、そんなことはどうでもよかった。高木が選んだポジションは攻撃の中心、仲間を動かして得点をあげるクォーターバック（ＱＢ）だった。

「知っているポジションがそれしかなかったので、『俺はクォーターバックをやる』と決めました。新しいスポーツでできることがどんどん増えていって、楽しかったですね。二年生で試合にも出るようになって、自分たちの学年ではエースＱＢになりました」

日本にはアメリカンフットボールのプロリーグもプロのチームもない。高校を卒業する際に高木は大学への進学を目指した。

「でも僕は、勉強自体に自信がなくて、自分で新しいことを考えるのも得意とは言えませんでした。アメフトの実績とか実力を評価してくれる大学に行けたらいいなと漠然と考えていました」

アメフト選手として掲げた目標

大学進学もすんなりとはいかなかった。帝京大学アメリカンフットボール部のトライアウトを受けるチャンスに恵まれたものの、不合格。

「200人くらいが受けて、25人しか入れない狭き門でした。友達が受かって、僕が落ちました。もう行くところがないかと思っている時に、帝京大学から連絡があって、『枠がひとつ空いたからどうだ?』と言われて、お世話になることに決めました」

いわば補欠合格という形。大学で出番が回ってくるかどうかはわからないが、新しいステージでチャレンジすることになった。

この時、高木には自分の胸に秘めた思いがあった。

「100人以上も部員がいますが、絶対に試合に出てやると思いました。毎年、関東の1部リーグと関西の1部リーグのオールスター同士が対戦する西宮ボウルという試合が行われるんですけど、それに出ることが夢でした。アメフトをやっている日本中の若い選手が全員見るくらいのすごい試合なので」

場所は兵庫県にある西宮球場だ。

「関東のオールスターチームの一員として、関西出身の僕が凱旋するのがカッコいいだろうと思って。四年生の時にその夢がかないました。おまけに、その試合は絶好調で、自分の実力以上のプレーができました」

それが四年生の7月のことだ。

「どうしたら試合に出られるだろうと考え続け、大学からはクォーターバックからポジションを変えました。僕は体格的に、けっしてアメフト選手として恵まれているわけではありません。結果を出すにはどうしたらいいか、ずっと試行錯誤を重ねていました」

場に自分を適応させながら、目指したものに向かって突き進む。そういう生き方だった。

「たとえば、大雨の日でも試合はあります。ドロドロになって、転びながらでも戦うしかない。文句を言っても仕方がないですから。

状況が悪いなら悪いなりに、自分が不利なら不利なことを受け入れながらやっていくしかない。防具は雨に濡れれば重くなって動きにくくなりますが、それでも食らいついていく。自分がアジャストしていくしか方法はありません」

鍛えた分だけ強くなれる

日本のトップリーグでプレーすることを希望した高木は、就職情報誌を発行する学生援護会への入社が決まった。

「学生援護会が持つROCBULL（ロックブル）というチームでプレーすることになりました。途中から学生援護会のチームではなく、クラブチームに変わったんですけど、仕事としてアメフトをする形でした」

チーム全員がグラウンドに集まるのは金曜日と週末だけ。それ以外は、各自でトレーニングジムに通って体を鍛えた。

「アメフトの選手はトレーナーをつけて、フィジカルトレーニングをがっつりやります。防具をつけてする練習の時間よりも、そちらのほうが長いくらいです」

厳しいフィジカルトレーニングは、自分との戦いだ。妥協すれば、筋肉量は上がらない。

「アメフトは、コンタクトの多いスポーツ。100キロもの選手とぶつかればケガをしてしまうので、しっかり鍛えないといけない。トレーニングをすれば即、結果に表れます。

鍛えた分だけ、当たりは強くなるし、故障が少なくなる。フィジカルスポーツなので、試合で相手と当たった瞬間に、どちらが強いかわかります」

出場する選手の仕事は分業化されていて、データを重視する戦略的な部分があるスポーツでもある。

「独自のフォーメーションとかサインとかもありますから、大事なのは試合に臨むための準備。

ヘッドコーチが描いたプレーをすることができるかどうかによって勝負が決まる。でも、いくらいい作戦を用意していても、フィジカルで劣っているチームが勝つことはできません。番狂わせの少ないスポーツですね」

飛び込み営業を毎日、全力で！

日本にはプロのリーグもチームもない。つまり、この競技だけで食っていくことはできないということだ。世界最高峰のリーグ、NFLがあるものの、日本人にとってはレベルが高すぎて目標にはなりえない。

アメフトの選手にはいずれ、仕事だけで一本立ちする時が訪れる。大好きなアメフトを続けられることには喜びはある。待遇面でも恵まれていた。だからこそ、『どうあるべきか』『どうなりたいか』と考えたのだ。

「アメフトの実績を買われて入社したチームメイトの中には、『仕事は二の次でもいいや』という雰囲気もありました。実際に、アメフトをやっていれば許されるということはあったと思います。でも、僕は違うんじゃないかなと考えていました。おそらくそれは、父親の影響でしょうね」

アメフトをやっているのだから仕事はほどほどでいい。そんな気持ちはないかと高木は自身に問いかけた。

「もしそうだったら、こんなにカッコ悪いことはない。目の前にある仕事に全力に取り組もうと考えました」

高木に与えられた仕事は飛び込み営業だった。

「企業を訪ねていって、求人広告をもらう仕事。1日やればわかるんですけど、飛び込み営業は大変なんです。あっさり断られるし、話を聞いてもらえないこともあるし。自信がなくなり、心が折れる……」

アメフト選手としての実績も能力も、ここでは何の役に立たない。

「話の途中で断られると、気持ちは萎えます。次の会社に飛び込みたくなくなってしまう。自分の姿がカッコ悪いなと思う。だから、みんなやりたくない」

グラウンドで能力を発揮している人ほどそうかもしれない。

「アメフトをやってる時に『なんだ、こいつ』と思われることはありませんから。エリートと言われる人ほどそうでしょうね。でも、そこで『アメフトだけやっておけば』と思うのはカッコ悪い」

だから、高木は飛び込み営業を全力でやった。名刺を破られても、プライドを踏みにじられるようなことがあったとしても。

「やるなら結果を出したい。スポーツも本気でやる、仕事も本気でやる」

高木の頭にはその時、『ビジネスエリート』という言葉が浮かんでいた。今はそうなるためのプロセスだと考えた。

「僕がアメフトを始めた時がそうでした。『こんなタックルをやろう』と思ってもなかなかできない。動きがぎこちないし、体は痛いし、転ぶしね。でも、それを続けていくうちにできるようになる。営業の仕事も同じでした」

いかにして自分を高めるか

飛び込み営業を続けるうちに、断られる恐怖も薄らいでいく。時間を置かずにドアを叩き、飛び込み営業をかける。

「トレーニングと同じだなと思いました。ちょっと間を空けると怖くなるんです。でも、続けることで解消されることがたくさんあります」

高木の成績が伸びるにつれて、スポーツでの経験をビジネスに応用・転換できる人間だと一目置かれるようになった。

「僕自身は、スポーツか仕事という考え方ではなくて、いかに人として自分を高めるか、アスリートとして磨いていくかと考えたつもりです。そういう意味で、飛び込み営業はすぐに結果が出る仕事でした」

こういう自己紹介をすれば、名刺を受け取ってもらえた。

こんな説明をすれば、話を聞いてもらえた。

このフレーズは絶対に忘れてはいけない。

「1日に200社くらいに飛び込んでいくわけです。もちろん、いい成績を残したいという気持ち、トップセールスになりたいという思いがありますが、単純に楽しかった。飛び込み営業をするのは当たり前のことで、『どこまで行けるかやってみよう』と考えました」

学生援護会という会社には日本中に支社や営業所があり、1300人もの営業担当がいた。

「一番単価の低い広告が5万円。高額のものもありましたけど、根気強く営業していって、1億円を売り上げることができました」

成績が伸びれば、それが自信になる。大口顧客を任されるようにもなっていく。

「アメフトでもレギュラーとして試合に出て、営業数字も残すことができて、自信がついていきました。それでも、自分の中では両立という考えはありませんでした」

あくまで、あるべき姿を追い求めた結果だった。

「アメフトで日本一になるという目標はありましたが、ROCBULLはそれほど強いチームとは言えませんでした。当時、会社の仕事をしながらアメフトを続けていた僕が考えていたことがあります。それは、『どんな大人になるべきか』『どんな自分でありたいか』です。

自分の部屋は汚いけど、オフィスのデスクはきれいという人はあまりいませんよね。普段の生活とスポーツや仕事のパフォーマンスはつながっているような気がします。仕事で成果が出ない人のプレーは雑だったり、自己中心的だったり」

高木は求人広告の営業で評価されたが、特別な思い入れはなかった。

「与えられたのが不動産なら不動産、生命保険なら生命保険を頑張って売っていたと思います。特に求人広告をやりたかったわけではないので。ただ、それで結果を出せたことが自信になりました。

僕の根底にあったのは『負けたくない』『カッコ悪い自分になりたくない』という

思いです」

成約するまでいろいろなチャレンジができるという意味では、アメフトと営業には似たところがある。

「アメフトの場合、いろいろな攻撃をしながらファーストダウンを取るんですけど、失敗しながら前に進むことができるスポーツだとも言えます。

どういう理由かは分析していませんが、外資系の保険会社で活躍している、元アメフト選手はものすごく多いですね」

27歳で採用のコンサルタントに

27歳の時に学生援護会を退社。高木は採用のコンサルタントになった。

「30歳でアメフトを引退することは自分で決めていたので、いつかは自分の足で立てるように27歳で独立しました。デザイン会社のオフィスに間借りする形で仕事を始めました。大学で就職キャリアの講演をしたり、企業の新卒採用のサポートをしたり」

大学と企業をつなぎ、人と組織との関わりをつくる仕事だった。

「学生援護会で学校のキャリア支援の部署にいた時にそういう仕事をするようになって、そこからの流れですね。それまでは求人広告、つまり面接に来てくれる人を増やすためにいろいろなことをしていたけど、その先のことに関わることはできなかった。企業への応募が増えればよかったんです」

出稿してくれた企業の悩みを聞くうちに、求人広告の次のステップに関わることになったのだ。

「経営者に『どうして毎月、これほどの額の広告をいただけるんですか』と聞いたら、『何言ってるんだよ！　従業員が辞めるからだろ』と言われました。欠員が出た分、新しい人を入れないと業務が回らないからと」

求人広告はあくまで入口にすぎない。問題はその先にあることに高木は気がついた。

「応募してきた人が幸せになれるかどうかは、そこからが大事じゃないですか。企業にとっても、そうです。会社で活躍できる人を採用しないといけない。そのためにどうするか？　採用コンサルタントはそれを考える仕事で、カッコいいなと思いました。それに、1社だけではなくていくつかの会社のサポートができれば、社会自体もよくなるんじゃないかとも考えました」

20年前にはまだ珍しい仕事だった。

「今は採用コンサルタントの仕事がたくさんありますが、形のないものにお金を払うことに対して抵抗感みたいなものが当時の企業側にはあったと思います」

ここで高木の経験が生きた。

「いろいろな企業に飛び込み営業して、話を聞いてもらいました。事業としてはまずまずのスタートでした。商材が求人広告から自分のノウハウに変わっただけなので、売ること自体に問題はありませんでした」

30歳になり、高木は決めていた通りアメフト選手を引退。その時に出会ったのが、アチーブメント株式会社の青木仁志社長だった。

「いろいろな経営者の話を聞くと、必ずと言っていいほど、アチーブメントという会社の名前が出てきます。個人の目標達成を支援する人材教育コンサルティング会社ですね」

もっと大きなことがしたい

今から15年以上前のことだ。

「青木社長に会った時、『学生援護会でトップセールスだったんでしょう』と言われました。『アメフトをやってきたあなたが社員80人ほどのアチーブメントでどれぐらいの成果を出せる自信がある?』と聞かれたことを覚えています」

高木はその時「これまで打ち込んだことで成果を出せなかったことはない」と言い切った。

すると青木社長は右手を差し出してこう言った。

「じゃあ、よろしくね」

高木の転職が決まった瞬間だった。

「普通だったら、内定のメールや文書が届くものじゃないですか。『俺と一緒にやろう』と言われて決まりでした。それが30歳の時です」

その時点で、アチーブメントの事業を理解しているわけではなかった。

「会社のシンボルでもある青木社長の『頂点への道』講座スタンダードコースという、3日間の公開講座があることも知りませんでした。

僕は採用コンサルとして、リーダーシップ研修などを設計して企業に金額提示をして請け負うということをしてきたので、そういう仕事をするのだろうと思っていました。この会社にどれだけすごいトップセールスがいても『関係ない。俺のほうが売れるだろ！』と」

しかし、実際に青木社長の公開講座に参加して、高木は驚かされた。

「研修会場に170人くらいの人が座っていて、熱気がすごかった。異様な雰囲気でしたね」

研修会場を埋めていたのは、それまでに高木が付き合っていた経営者や人事担当者とは毛色の違う人ばかり。

「僕は『なんだ、これは？』と思いました。自らの価値をもっと高めようという前のめりなビジネスパーソンや、経営者の方々が集まっていて、衝撃的でした」

ここで腹が決まった。「こういう方たちを相手にビジネスをしていけば、もっと大きなことができる」と。

入社3年で1億円プレイヤー、そしてマネージャーへ

アチーブメントに入社した高木は、組織変革コンサルティング部門に配属された。

そこで、目標とした数字がある。

「絶対に1億円プレーヤーになってやろうと思いました。社内の人に聞いたら、ひとりだけいるという。実際にやっている人がいるなら『自分もできるだろう』と考えて。ちなみに、1億円というのは1年間で会社に残す利益のことです。売上ではありません」

入社から3年、高木は目標を達成。社内のタイトルを総なめにする。

「MVP、社長賞、社内トップの売上をあげました。それでリーダーを任されることになりました」

営業マンとして突っ走ってきた10年ほどを経て、高木は次のステップに進んだ。

「チームを任されるようになってから、壁にぶつかった気がします。最初は特に、『やらない人』の気持ちがわからなかった。。マネジメントは僕にとって新しい種目みたいなものです」

「名選手、必ずしも名監督にあらず」という格言がスポーツ界にはある。プレーヤーとして優秀であったとしても、それだけで指揮官として成果をあげられるものではないということだ。

「自分でやったほうが早いとも思うことが何度もありました。自分のことを振り返ると、チャンスは自分からつかみとりにいったし、うまくいかない時にはあれこれ考えながらあがきにあがいたうえで行動しました。だから、それが普通だと思っちゃうんですよね」

何をすれば一歩を踏み出せるのか

しかし、ひとりひとりのメンバーと向き合っていくなかで、関わり方は変化していった。

「いまだに『何やってるの？』と思うことはありますよ（笑）。でも、そこで『どうしてだろうか』と深く考えられるようになりました。この人に何をすれば、一歩踏み出すきっかけをつくれるのだろうか？　自分の役割は？　と」

他人と自分は違うことを理解したうえで、高木はメンバーと接している。

「スポーツであれば、レベルの高いプレーができる人、勝利に貢献できる選手だけが試合に出られる。それが正しい。だけど、仕事の場はそうではありませんよね。

働く人にとっては自己実現の場であるし、給料も必要だし、長い時間一緒に過ごすのだから人間関係も大事です。そのうえで成果を出さなくちゃいけない。すべてを満たすこと、それがマネジメントでは大切だと思っています」

セールスとマネジメントは別の競技――そう腹に落ちたのは、チーム運営を任されてから5年ほどしてからだった。

「もちろん、勝たなければいけないけど、勝利だけでは十分ではない。自分に子どもが生まれてから、そう強く感じるようになりました。メンバーの顔を見た時、『この人にも親がいて、奥さんや子どもがいるんだよなあ』と思うこともありますよ」

高木は理念経営の普及をミッションに掲げ、これまで150社以上の組織の変革を推進してきた。

現在は、パーソナルコンサルティング部門のマネジャーとしてメンバーを育成しながら、理想の組織づくりを追求している。

理想とするアスリートの姿

高木には、自分はスポーツエリートではないという思いがある。

「ラグビーでもそれほどの選手ではなかったし、アメフトでは補欠合格でやっと大学に入れるくらいだった。僕はキラキラなエリートではありません。だから、何でもがむしゃらにやるしかなかった。

大学ではクォーターバックでは使ってもらえそうになかったからディフェンスのポジションに回った。ダメな部分を認めて、でも『ありたい自分』に向かってキャリアをつくってきたんです」

天才でも怪物でもない自分は、そうやって生きてきたという自負がある。

「好き・嫌い、やりたい・やりたくないとかいうことを乗り越えた経験を持っていること。自分の限界を超えたことがあるというは強みでしょうね。合宿とかに連れていかれて、『無理だろ』と思うほどの練習に耐えたというのは多くのアスリートが経験していることだと思います」

肉体的、精神的に追い込まれる過酷なカリキュラムであっても、やり切る強さを持っている人が多いのはアスリートの特徴だろう。

「その練習をしても勝てるかどうかわからなくても、『100回やれ！』と言われればできる。自分がぶっ倒れるまですべてを出し切った経験は貴重だと思います」

ビジネスにおいても、その生き方を貫けば必ず結果につながるはずだ。

「多くの元アスリートが過去にとらわれています。昔の栄光とか成功体験が、その人を縛っていることが多いのではないでしょうか。

本当の強みは何か、なぜそれができたのかをしっかり見つめ直して、自分のこれからに紐づけられて転用できればいいのですが、そういう人は少ないですね。『スポーツの経験をビジネスに活かそう』と言うことは簡単ですが、実際にそうするのは本当に難しい」

高木の中には理想とするアスリート像がある。

「世界にいる本当のグローバルエリートの中には、スタンフォード大学とかハーバード大学みたいなところでスポーツでも一流だったという人がたくさんいます。教養があって、幅広い知識を備えていて、社交場ではダンスもうまい、高級レストランでもマナーは完璧、語学も堪能という人は珍しくありません」

日本ではよく文武両道という言葉が使われるが、そのレベルのはるか上をいく人たちがいる。

「サッカーの世界では、中田英寿さんや本田圭佑さんみたいに、現役時代から会社を立ち上げたり、社会貢献活動をしたりしている選手がいました。

本当の意味でスポーツ教育を見直す必要があるんじゃないかと考えています。日本のスポーツ教育は、自分が勝つためのもの。だけど、本当のアスリートには、人間力を養ったり、リーダーシップやマネジメントを学んだりすることが求められていると思います」

人のために何ができるのか――高木はいつもそう考えながら、アチーブメントの事業に臨む。

第5章

Gift Your Life

豊福公平

「華麗なる転身を成功させた元アスリートの力」

PROFILE

1977年、福岡県生まれ。大学卒業後、公務員を経験し、外資系生命会社勤務した後に、2013年GiftYourLife 株式会社を設立し、代表取締役に就任。全国16拠点で保険代理店、証券事業、銀行代理業、不動産事業、コールセンター、グループホームなどさまざまな事業を展開している。

少年時代の経験はその後の糧になる。

豊福公平が小学四年生で加入した少年野球チームはとにかく弱かった。

「小学四年生の時にできた町内のチームです。六年生がひとり、五年生が数人、私と同じ四年生が残りのポジションを任されていました。そんな構成で六年生ばかりの相手に勝てませんよね」

試合に出られるチャンスに恵まれたものの、チームは苦戦を強いられた。

「1年間ずっと試合に出ましたが、一度も勝てませんでした。0勝です（笑）。五年生になっても勝てず……私が六年生でキャプテンになって、やっと2勝することができました。

悔しさばかりを味わいましたが、その分、喜びも大きかった。勝った時にはみんなで、ものすごく喜び合いました」

全戦全敗の低迷からは脱したものの、勝つ喜びよりも悔しさのほうが強かった。

「苦労して勝ち上がることができればよかったんですけど、現実はそんなに甘くない。そういうことを知りました」

中学校で野球部に入り、一時はレギュラーになりながら、途中でチームを去った。

「中学三年の時に野球部を辞めました。挫折ですね」

豊福には親しい先輩がいて、福岡県内の進学校に進んだその人の背中を追うことに決めた。

「中学の時、1学年上の石井さんにものすごくかわいがってもらいました。一緒に山登りしたり、トレーニングをしたり。石井先輩がその高校のテニス部に入って、彼女もできていたんですよ。『よしっ、俺もテニスをやろう』と思いました（笑）」

硬式テニス部はもちろん、女性部員も多かった。野球とテニスはどちらも道具を使う球技という共通点がある。

「フットワークにしても体の動かし方にしても、似たようなところがあると思ったんですよね。それなら、野球をしていた経験が活きるだろうと。実際に、1年後には地元の久留米市で1位になりました」

中学生の時に150センチ台だった身長はぐんぐん伸びて180センチを超えた。個人戦では筑後地区で準優勝したこともある。

「そこからテニスにハマりました。いい成績を残したことで、自信がつきましたね。最後には福岡県でベスト8に入りました。でも、残念なことに、彼女はできませんでした。それについては努力不足でした（笑）」

インストラクターをしながら大会に出場

豊福はテニスを始めて2、3年しか経っていないにもかかわらず、目覚ましい成績を残した。しかし、スポーツ推薦で大学に進めるほどではなかった。

「自分の中に変なプライドがあって、普通に筆記試験を受けて一般受験で大学に入ってやろうと決めていました。スポーツに頼らずに進学しようと。だけど、受けた大学すべてに落ちました」

1年の浪人生活を経て、地元の福岡大学に合格を果たした。

「浪人したんだからというプライドがあって、もっと難しい大学を目指したのですが、母親のアドバイスを聞いて受験した福岡大学経済学部だけに合格しました。二浪も考えたけど、親のすすめもあってそこに行くことになりました」

豊福は体育会ではなく、少し変わった形でテニスに関わることになる。

「高校三年の夏前に競技生活を引退したので、ブランクが2年近くありました。福岡大学のテニス部は強豪だったのでビビッてしまい……テニスサークルに所属しながらテニススクールのインストラクターをしました」

レベルの高い選手同士で切磋琢磨する体育会と比べると厳しさはないが、あえて、その道を選んだ。

「大学四年生になった時に自分でどうなっていたいかと考えました。プロも出場するような大会に出て賞金を取りたい、日本ランキングにも入りたい。福岡県代表にもなりたいし、九州でも名を知られた選手になりたいと」

豊福は4年間、工夫をしながら練習に打ち込み、自分の想定通りの成績を残すことができた。スポーツ推薦で大学に入ったエリートたちを凌駕したのだ。

「体育会に所属してはいなかったけど、一般の大会やプロが出るような大会で勝ったし、賞金もいただきました。スポンサーもついてましたよ」

大学を卒業する時にプロとして活動することも考えたほどだった。

「国体につながる大会で福岡3位になったこともあります。社会人になる時に、プロになるかどうか迷ったのですが、ここでまたビビッちゃったんですよね」

東京に出てセールスの世界に飛び込む

豊福が選んだのは消防士という仕事だった。

「テニスに対する思いがあったので、休日を使ってテニスができる仕事はないかと考えて、消防士になりました。27歳までは消防士として勤めながら、テニスの大会に出る日々を送っていました。公務員だったこともあって、久留米市役所のメンバーの一員として全国大会にも出ましたよ」

しかし、豊福は27歳でラケットを置いた。

「これからはビジネスの世界に行こうと考えたのです。プルデンシャル生命の門を叩きました」

公務員からの、異色の転身だった。もちろん、豊福にセールスの経験はない。

「知り合いがひとりもいない東京に出て、まったく経験のない生命保険の営業マンになりました。まわりの人からは『厳しいぞ』と言われましたが、不安はありませんでした。はじめは福岡での仕事をすすめられたのですが、どうせならば東京で勝負したかった。大成功したかったので」

ほかの業種から生命保険の営業マンに転職するケースは多い。しかし、友人や親戚の契約を取り終えたら成績が止まる人ばかり。そのやり方ではいずれ、頭打ちになってしまうことが豊福には見えていた。

「親類や縁者に頼ることができないように、あえて知り合いのいない東京に出てきました。営業の経験がないことは不安材料でしたが、それはできないことの言い訳ですよね。私は自分の中で『絶対にできる！』『チャンスはある』と考えていました」

高校から始めたテニスの成功体験がそのベースになった。

「だって、高校から競技を始めて福岡で3位になることなんて、絶対に無理ですよ。普通に考えれば。でも、自分にはできた。そういう経験から生まれた自信がありました。お客さまとの接し方という部分については、テニスのインストラクターをしていたことがよかったのかもしれませんね」

プルデンシャル生命で働き始めた豊福は、セールスプロセスを学ぶなかで、スポーツと類似点があることに気がついた。

「たとえば、ファーストアプローチ、実勢調査をしてその方の現状について聞きます。それに合った商品を提示してクロージング、契約まで持っていく。途中には気をつけなければならないところがあって、『こうしたらうまくいく』というセオリーがある。教わりながら、テニスをしていた時のことに置き換えながら考えました」

もちろん、はじめは知らないことばかり。そのうちに流れや進め方が、少しずつわかるようになっていく。

「教えてもらったことがすぐに腹落ちするわけではありません。だけど、数をこなしていくうちに『そういうことか』とわかる瞬間が来る。逆に、営業の経験がなかったからこそ、新しく教わったことがすっと入ってきたんでしょうね。

テニスの時には、フォアハンドの打ち方はこう、サーブはこうと教わりました。その通りにやることでひとつひとつが形になったという経験があったので、アドバイスを素直に聞いて実践することができました」

ひとつひとつのステップを踏んできた

スポーツの世界には、教わらなくてもできるという天才型のアスリートがいる。しかし、成長のプロセスが早すぎると戻る場所を見失ってしまう。テレビなどでよく取り上げられる「消えた天才」の多くがそのパターンだ。

「私の場合、テニスは高校から、営業の仕事は27歳から始めました。どちらもはじめからできたわけではありません。セオリーやマニュアルに則って、ひとつひとつ覚えていったから、不調になったり、『おかしいな』と思うような時には戻れる原点があります。私にとって、それは強みかもしれなません」

どんなスポーツにもどんな仕事にも、習熟までのプロセスがあり、セオリーがある。

「ひとつひとつ、ステップを踏んできたから今があるんでしょうね。早熟のアスリートとは違う点です。スポーツの時の経験をビジネスに置き換えることができたのはものすごく大きい」

遅咲きの豊福にはメンターと呼べる先輩が身近にいた。

「テニスを始めた時には、大学生のインストラクターで青山さんという方がいました。この人は全日本クラスの実力の持ち主で、強烈なショットを打っていました。プルデンシャル生命に入った時には、ほかの人とはけた違いの数字を残す営業マンがいました。もちろん、年収は1億円以上あるような」

テニスプレーヤーの時も、営業マンになってからも、尊敬する人の背中を追いかけることで成長することができたのだ。

「はじめはふたりとも『なんだ、この人は！』とビビるくらいの存在でした。でも、やり方をしっかり見てマネすれば、少しずつかもしれないけど、近づくことができるんですよ」

自分が得意なことは何なのか

高校でテニスを始めた時、豊福はほかの選手と違う方法で上達しようと考えた。

「ほかの選手と同じやり方をしていたら、とうてい間に合いません。自分の弱点を克服するだけでは時間が足りない。自分が持っているもの、ストロングポイントを最大限に活かそうと考えました」

お年玉などを貯めて、テニスのインストラクターを訪ねた。

「負けるのは悔しい。絶対に勝ちたかったんですよね。持っているだけのお金を握りしめてインストラクターのところに行って『この金額分だけ教えてください』とお願いにいきました」

なけなしの小遣いを使って、成長のために自己投資をする高校生アスリートは珍しい。

「自己啓発の本を読むのが好きで、ある時、アメリカの保険セールスの人が書いた本に出合いました。その本を、テニスコートに持ち込んで、チェンジコートする時に読むわけです」

これがモチベーションアップにつながったと豊福は言う。

「相手が汗を拭いたり、水を飲んだりしている時に私は本を読む。そうすることで接戦をモノにして勝ち上がることができました。その時、スポーツは自己啓発だと気づきました」

遅れてその世界に入ってきた豊福は、一点突破に活路を見出だした。

「テニスプレーヤーとしていい成績を残すことができたのは、フットワークがよかったから。ひとつひとつの技術をほかの選手と比べたら劣っているところばかりです。幼い頃からやっている人との差を縮めるのは難しい。

でも、フットワークを鍛えれば、相手のボールを拾うことができる。野球選手の時はショートでしたから、そういう部分には自信がありました。私の場合、攻撃よりもボールを拾いまくるスタイルで、地味だったんですけど」

豊福には、相手の攻撃を読む感覚も備わっていた。

「相手の攻め方って、だいたい予測できるじゃないですか。セールスの場面でもそういうのがあって、こんな質問が来るとか、ここを突っ込まれそうだなというのがわかる。それに対してちゃんと準備をしておけば成約は近くなりますから」

35歳で自分の会社を立ち上げた

豊福はプルデンシャル生命で好成績を残した。

「営業として、生きるか死ぬかという毎日を送りました。外資系のフルコミッションの世界なので当然といえば当然なんですけど、自分のことしか考えてなかったですね。究極の個人プレーです。契約が取れなければ0で、経費だけが飛んでいく。でも、大変な分だけリターンがありました」

消防士時代にチームプレーを叩きこまれた豊福は、個人として戦うことを覚えた。

「将来、起業しようという考えは、セールスを始めた時からありました。起業しても、社長が自分の手で稼げないといけない。そのために学べるだろうと思いました。もうひとつ欲しかったものが人脈です。35歳までセールスを頑張ったおかげで、いろいろな方と知り合うことができました」

豊福は資金を貯めて、2013年11月、Gift Your Life株式会社という保険代理店を立ち上げた。

「大学を卒業してすぐにセールスの仕事を始めたらよかったのかもしれないとも思いますが、4年間消防士をしてから27歳でこの世界に飛び込んだから得られたものもあります。何が正解かはわかりませんが、自分の選択は間違っていなかった。

おかげさまで、プルデンシャル生命ではありがたいくらいの収入を得ていました。でも、自分の人生をどうしたいのかと考えた時に、大事なのは仲間だと思いました。それで、起業しようと決めたのです」

保険業界で活躍できるのは一匹狼だけと言われていたが、豊福は「チームをつくりたい」と考えたのだ。

「一緒に働きたいと思える仲間を増やしていきました」

豊福は35歳と若かった。セールスマンとしては旬を迎えていたが、経営者としてはまだまだだった。

「私が売れたままで経営者になったことで、メリットとデメリットがありました。起業1年目は自分でがっつり稼ぎました。プレーイングマネジャーですね。優秀な人をヘッドハンティングしたし、できることはすべてやりました」

しかし、自分が稼ぐだけではプルデンシャル生命時代と同じだ。

「2年目には、セールスするのをやめました。会社に対する不安はものすごくありましたけどね。自分が動かないと売上が上がらないじゃないかと思うことも、正直ありました」

不安を抱えながら、豊福には自分への期待が大きかった。

「保険業界でそれなりに成績を残しましたが、自分自身のポテンシャルはこんなもんじゃないと思っていました。もっとできるはずだと強がってもいましたね」

5000万円を超える自己投資

プレーヤーで成長を止めてしまったら、そこまでの人間にしかなれない。豊福は自己投資を怠らなかった。

「1回100万円のセミナーにいくつも参加しました。おそらく、これまでで500万円以上は使っているはずです。新しい人と出会って学び、それを社内でも共有する。私が得たものをどんどんフィードバックしていきました」

社内のメンバーと知識を共有することで会社の地力がつき、一体感も高まっていく。

「自己啓発という言葉を聞くだけで抵抗感を示す人はいます。そういう知識や見識を受け入れるかどうかは本人の自由です。強制することはありません。私が実際に体験して、いいと思ったものをみんなにシェアする形ですね。その時にはピンとこなくても、いずれわかることがありますから」

起業から10年が経った今、全国に15の支社を置き、150人を超える従業員を抱えている。会社は順調に大きくなっていったが、挫折を味わったこともある。

「思い通りに行かないこともありましたけど、私は絶対に逃げないと決めたんです。どんなことがあっても、それと向き合おうと。もしスポーツをしていた時の経験がなかったら、中途半端な形で逃げ出したかもしれません。でも、腹を決めて100パーセント全力でやり抜こうと思いました」

事業をしていれば、現実から目をそらしたくなる時もあるだろう。そこでどんな行動を取るかによって、その人の評価は変わる。

「生きていれば、『どうして……』と絶望するようなことが起きます。でも、私は逃げない、徹底的に向き合う。それができるのが私の強みだと思っています」

豊福にはいくつかのルーティンがある。

「自分を信じるためにしていることがあります。アスリートだった時もそうですね。テニスプレーヤー時代には、ラケットに自分を励ますシールを貼っていたこともあります。営業の仕事をしている時には自分を鼓舞するための曲を聴いてから商談に臨んでいました。調子がいい時、悪い時、乗っている時、そうじゃない時がありますけど、ルーティンを決めることで本来の自分に戻れるような気がしますね」

いい気分で働けるのが一番いい

会社の規模が小さいうちは社員の日々の活動が見える。しかし、全国15カ所に散らばるメンバーひとりひとりを観察しながら導くことは不可能だ。

「私が直接手を差し伸べたほうがいい場合があるかもしれませんが、逆に伸びなくなる可能性もある。その人の5年後、10年後のことを考えた時に何が正解なのか。任せることは難しいし、それで大失敗したこともあります。経営は難しい。でも、すべての責任は自分にあります。だから、人生って本当に面白いなと感じています」

世の中には、社員を成長させるためのマニュアルがたくさんある。

「他社でうまくいっていることなら取り入れたほうがいいと思います。ただ、何でもかんでもとは思わない。社内のメンバーがいい気分で働けるのが一番いい。『こうしたほうがいいんじゃないですか！』と言われることもありますよ。その瞬間は嫌だけど、痛みも感じるけど、受け入れるべき意見をしっかりと聞きます」

反対に、豊福が直接メンバーに意見することもある。

「もちろん、人格を否定するようなことはしませんが、『ここは嫌だ』とはっきり言うこともあります。相手に強く言えば、それだけのものが返ってくるのは当たり前ですね」

豊福が大事にしているのは、その人と真摯に向き合うことだ。

「正面から向き合うことで人間関係は変わっていきます。人や問題と向き合って、乗り越えていくしかない。逃げようと思った時点で視野は狭くなって、見える景色が変わってしまうから」

人生にはいろいろなことがある。だから楽しい——そう考えるようにしている。

「つらいことが起きた時、『どうして自分だけ……』と思ってしまうけど、きっとそんなことはありませんよね。みんな、それぞれに苦労しているし、悲しいことだってある。すべてをひっくるめて人生だと私は思っています」

2014年1月、起業してすぐに書籍を書いた。『たった20秒で初めて会うお客さまの心をつかむ技術』(KADOKAWA)を出してから10年が経った。

「本の中で『10年後にはこうなりたい』と書いたことは、全部、叶いました。新型コロナウイルスがあったり、不景気があったりしましたけど。今、150人ほどいる社員をいずれは1000人まで増やしたい。まだまだだけど、そこまでの行く過程を楽しみたいですね」

プライドを捨てられるのか

本書に登場する体育会系の人たちと少し違う道を歩いてきた豊福は、ビジネスの世界で生きる元アスリートに対して何を思うのか。

「成功体験を持っているのは素晴らしいことですね。人生が変わった瞬間を経験しているのは大きい。なかなかできることではありません。宝だと思います」

人生は変わる。自分の力で変えることができる。

「もちろん、本人の行動や実力次第ですけど、その可能性を信じることができるはずです。私自身がそうなので、子どもにはなるべく多くのスポーツを体験させてあげたいと考えています」

逆に、悪いところは何か。

「ネックになるのは、頑固なところでしょうね。なまじ成功体験があるから素直になれないという人が多い。『野球の世界でこうでした』とか、『テニスの世界で活躍しました』というのは、ほかのところに行ったら関係ありません。だけど、プライドが捨てきれない。大事なのは、新しい場所で泥水をすすってでも頑張れるかどうかだと思うんです」

プライドを脇に置いたところから勝負が始まると豊福は思う。

「陰と陽、プラスとマイナス、どんな人にもいいところもあれば悪いところもある。逆にいうと、プライドを捨てることができる人は強い。私は実際にテニスのラケットを置いて、ひとりで東京に出てきてセールスの世界に飛び込みました」

過去は自分を救ってくれはしない。

「プルデンシャル生命時代には、それなりに成績を残して、ちやほやされることもありました。それを捨てて、起業したわけです。スティーブ・ジョブズのあの言葉、『ステイハングリー、ステイフーリッシュ』を自分に言い聞かせる毎日でした。プライドを捨てられるかどうかで、その人の未来が変わっていきます」

野球でも、サッカーでも、バスケットボールでもラグビーでも、セカンドキャリアで苦しむアスリートは多い。

「飲食業をやってダメだったとか、セールスの世界に行っていい成績を残せないとか、いろいろな話を聞きます。アスリート時代のプライドを持ったままだと、どの世界に行ってもうまくいかないいんじゃないかと思います」

新しい仕事とのマッチングではなく、その人のマインドセットが問題なのではないかと豊福は言う。

「心構え次第では、どの世界に移ってもやっていけると思いますよ。業種はあまり関係ない。大事なのは、自分のプライドを一回捨ててハングリーになって、バカになって、次のステップに進むこと。そうすれば明るい未来が見えてくるはずです。アスリートは、ほかの世界でも通用するものをたくさん持っているんだから」

豊福は消防士から生命保険のセールス、そして起業と、華麗なる転身を軽々としてきたように見える。

「いやいや、その都度、すごい苦労も葛藤もありました。それを乗り越えてきたんです。生命保険を売るようになった時、消防士時代の後輩に話を聞いてもらったことがあります。あの世界はタテの関係が強くて、先輩に『やれ！』と言われれば『はい！』しかない。でも、そんなノリは通用しません。後輩を相手に、丁寧に敬語で話をしました。そこが私の原点かもしれませんね」

その人の「起」を変えてあげる

経営者として11年目を迎える豊福は、メンバーの「起《おき》」を変えることを心がけている。

「アスリートはよく『走らされた』みたいに言うことがありますよね。何かの罰として。たしかに、誰かに走らされたのかもしれないけど、『走れば甲子園に行ける』『もっと強くなれる』と思えれば、喜んで走りますよね。それだけで中身とか効果が変わってくる」

その人の「起」を変えるのがマネジメントの役割ではないか。

「それをすることでコミッションが10万円入ってくるのなら積極的にやるでしょう。『起』を変えるきっかけをどうやって与えるかについて、私はよく考えています。ちょっとしたひと言で、人間は大きく変わります。本当に面白いほどに」

メジャーリーグで活躍する大谷翔平選手はは見事なロールモデルだ。

「彼には『やらされている』様子はありません。どんな練習でも楽しそうにやっているように見える。多分、発想が普通の人とは違うんだと思います。もちろん、才能に恵まれた部分はあるけど、心構えは見習うことができる」

豊福は自社のメンバーの「起」をよく考える。

「スポーツの世界の優秀な指導者は、たったひと言でアスリートを変えることができる。選手を成長させていく。『起』を変えているんだと思います。

セールスの世界でもそう。言葉ひとつで、トップセールスになることがありますから。前職ではそれほどではなかったのに、うちのメンバーになって花開く人がたくさんいます」

保険業界が生きるか死ぬかの厳しい世界であることは間違いない。ただ、「起」を変えることで景色は変わってくる。

「ここぞというタイミングで言葉をかけることがあります。響くか響かないかは本人次第。会社には年配の人もたくさんいますけど、私はいくつになっても人は変わることができると考えています。謙虚な気持ちがあればという条件は付きますが（笑）。50代で稼いでいる人もたくさんいますよ」

これまで、新しいスポーツに真剣に打ち込むことで、新しい世界に飛び込むことで、大きな成果をつかんできた。正面から問題と向き合い、乗り越えてきた。

野望は大きく、それでいて腰は低く――10年後、1000人の従業員とともに会社を率いる豊福の姿が見える。

第6章

はしもと接骨院

羽田野龍文

「武道・格闘技に打ち込んだ治療家が抱く野望」

PROFILE

1976年、神奈川県生まれ。小学生時代は少林寺拳法、中学・高校で柔道に打ち込み、大学時代は日本拳法部で活躍した。大学二年で肩関節を脱臼、そのケガにより、柔道整復師を目指した。2008年にはしもと接骨院を開業。ハイボルト療法（羽田野式ハイボルト）を考案。日本電気治療協会を設立した。

30年以上が経っても、忘れられない言葉がある。

「2歳上の先輩に『おまえは自分のことを強いと思っているけど、その結果がこれだ』と言われたんです。中学最後の試合で負けたあとに。いまだに忘れられませんね」

1976年生まれの羽田野龍丈は幼稚園生の時に水泳を始めた。

「日曜日の15時にプールに行かされるのが嫌でした。その代わりになるものを探したら近所に少林寺拳法を教えてくれるところがあって、通い始めました。父が柔道家で、それも国士舘大学出身だったので、強さへの憧れもありました」

当然、父は息子に厳しかった。

「押入れの布団の中に足を突っ込んで腹筋運動をやらされましたね（笑）」

地元の相模原市では名を知られる存在になったが、羽田野が進む中学校に少林寺拳法部はない。

「それで、柔道部に入りました。少林寺拳法は型稽古、演舞がほとんどですが、柔道は対戦するのでより実践的になっていった感じですね。ケンカは好きではなかったからほとんどやったことはありませんが、自分の力を試したい気持ちはありました」

しかし、柔道の練習は厳しい。

「柔道はずっと相手と組み合っているので体力を消耗します。一番キツいのは基礎練習です。エビとかカニと言われるものがあります。ダッシュと筋トレを組み合わせたサーキットトレーニングが地味にしんどいんですよ。中学三年の時は減量して試合に出ていたんで、成績的にはボロボロでした」

中高一貫の日大三高で羽田野は鍛えられた。

「一学年下に弟がいたんですけど、彼は『天才』と言われるほどの選手でした。中学三年の時に、イタリア国際柔道大会の48キロ級で日本代表を決める決勝まで行ったことがあります。『弟は天才だけど、おまえはセンスねえな』とよく言われました」

羽田野は「人の3倍食べて、3倍練習しろ」と監督に言われ続けた。

「監督がものすごく強くて、まったくかないませんでした。投げることもできない。僕の成績は都大会でベスト16が最高でしたね。高校入学の時は体重が58キロくらいだったんですけど、71キロ以下級で試合に出るために『増量しろ』と言われていました。どんなに頑張って食べても68キロが限界でしたけど」

〝食トレ〟とウエイトトレーニングを続けるうちに、ベンチプレスで120キロを挙げられるほどパワーがついた。

「抑え込まれた状態でも少し力を入れたら相手が飛ぶくらいの力がつきました。71キロ以下級に出てくる選手は背が高いんですよ。僕より大きな選手ばかりなので、股の下に手を入れてすくい投げばかりを狙っていました。当時は反則ではなかったので」

100キロを超える選手と対戦する無差別級の大会に出たこともある。

「デカい選手はこっちをナメてくるから、プロレスのバックドロップの練習をしてました。僕は、重量級選手との対戦が得意でしたね。こっちは小さいけど、パワーでは負けてなかった」

当然、その代償は大きい。

「体中の関節はもうボロボロ、ケガだらけです。かなりの負荷をかけてトレーニングしているから、ひざはずっと腫れているし、いつも包帯やさらしを巻いて練習をしていました。柔道をしている時はそんな感じでしたね」

怖いけどカッコいい先輩たち

監督も厳しければ、当然、先輩もそうだった。

「中学の時は先輩に怒られないように柔道をやっていました。ほとんどの選手がそうじゃないですか。1日が無事に終わればいい。そんなんだから、たいして強くならなかったんでしょうね。監督も先輩もものすごく怖かったけど、カッコよかったんですよね。彼らに言われたことはよく覚えています」

中学最後の試合で敗れた時に先輩に言われた『自分が強いと思っているけど、その結果がこれだ』という言葉は今も心の中にある。

「折々に、名言をくれる先輩がいましたね。当時は、付き人制度みたいなものがあって、洗濯したりお使いをしたりするんです。私立高校だったせいか、お金持ちが多くて、ちゃんと代金を払ってもらいましたし、『おまえの分も買っていいよ』と言われることもありました」

羽田野は10代で経験した上下関係が心地よかった。

「威張る分、後輩の面倒をしっかり見る。そういうことを教わりました」

柔道家の父は放任主義だった。

「何か言われるということはありませんでした。試合を見に来ることもなかったし。小学校の前に自分の会社があるくせに、運動会にも来ない人でした」

一度だけ、父と相対したことがある。

「中学生か高校生の時ですね。基本的にはお酒を飲まない人なんですけど、その日は酔って帰ってきました。廊下ですれ違って、いきなり足技で投げられたんです。『おまえもまだたいしたことないなあ。1分だったら負けない』と言って風呂に行きました。正直、『オヤジ、強ええなあ』と思いました」

羽田野はカッコいい大人や先輩の背中を見て育った。

「僕はその後、僧侶になるために高野山大学に行くんですけど、坊さんの世界も厳しいんですよ。そこで日本拳法部に入ったので、ヤバい先輩ばかり。厳しいけど面倒見のいい人ばかりで、教わることが多かった。

もちろん、先輩たちは無理難題、理不尽なことばかり言ってきますが、それをどうやっていなすか、どうやってこなすかを考えながら過ごしました」

大学の寮にはさまざまなルールやしきたりがある。もちろん、現代の日本にはマッチしないものばかりだった。

「もともと、先輩の言うことは絶対です。宝塚歌劇団が問題になっていますが、あんな感じで決まり事がいろいろあって、それを守って生活するだけで大変でした。下級生が歩く場所も決まっているし、食堂の使い方も、風呂の入り方にも厳格なルールがありました」

高校までと違って、大学生は酒を飲む。そうなると、厄介ごとも増える。

「酒の席での振る舞いについても指導されましたね。お酒の注ぎ方や飲み方など、全部そこで教わりました」

鉄の面をつけて殴り合う日本拳法

羽田野が高野山大学で日本拳法部に入ったのは、柔道部が廃部になっていたからだ。

「僕が入る前に潰れてしまったので、柔道経験のあるやつが日本拳法部に勧誘されました。もともと、自衛隊の特殊部隊の人たちがやる格闘技です。総合選手権になると、全国の空挺団から強い選手が集まるという」

ローキックと足への関節技以外は何でもあり。鉄の面をつけた状態で殴り合う、激しい競技だ。

「監督がいなかったので大学生が責任者になるんですけど、歯止めはかかりません。

稽古は本当にエグかったですね。僕が入った時はそれほどいい成績を残していなかったのに、バレーボール部出身でデカくてセンスのある先輩がいて、ものすごく強くなっちゃって。その人のレベルに合わせて、みんなも練習せざるをえなくて……」

その先輩は強くて乱暴で、おまけにお金も持っていた。

「まるで、ドラえもんのジャイアンですね。お金を持ったジャイアン（笑）。その人がお金を出して体育館を借りて練習をする。足を止めた状態で、40分間殴り合い（笑）。個体として強いやつしか生き残れないという環境にいました」

適者生存という言葉がある。その環境にアジャストできない者は去るしかない。

「どこかに逃げちゃったやつはたくさんいますよ。繊細な人ではとても耐えられません。日本拳法は毎日がフルボッコですから。頭がおかしくなりますよ（笑）」

ハードトレーニングの成果が出て、高野山大学日本拳法部は全日本選手権で2位になった。

「僕は柔道出身なんで、投げるばっかりでした。殴らずに投げる！　相手のパンチをつかんで背負い投げしていましたね。そんなことをするの、僕だけでした（笑）」

日本拳法は体重無差別の戦いだった。

「130キロの選手と対戦したこともあります。さすがにそれは投げられませんでしたけど。僕の体重はずっと72キロだったんで、相手の体重は倍くらいありましたね」

一歩一歩進むことが大事

日本のスポーツの進化は目覚ましい。最新のトレーニングを取り入れながら、アスリートは短い時間で効率よく体を鍛え、さまざまな技を習得する。睡眠や栄養に関する知識も蓄えている。

「大学時代の僕たちの目標は全日本で優勝すること。質を求めることができないから、とにかく量を大事にしていました。それが先輩たちから伝わる教えの基本でした」

先輩である「お金を持ったジャイアン」は身長185センチで体重90キロの巨漢だった。

「当時、ボクシングの世界チャンピオンだったナジーム・ハメドのマネをして、セオリー無視のすごい戦いをして相手をぶっ倒すんですよ。鉄の面をつけた相手をね」

その先輩が、練習の時には羽田野のライバルになった。

「本当に暴君だったので、『いつかこいつをやっつけてやろう』と思っていました。ボコボコにはできなかったけど、ルールのある練習試合では勝つこともありました」

意地と意地のぶつかりあい！　やられたままで終わることはできない。

「僕が勝ったら『もう1本やるぞ』と言われるし、僕がやられた時には『もう1本お願いします』となりますよね。向こうにもプライドがあるから、5ラウンドとか10ラウンドとかやります」

そうして、羽田野はさらにたくましくなった。

「日本拳法に打ち込むことでわかったことがあります。高校野球だったら甲子園という目標があるじゃないですか。僕が入った日本拳法部は弱小だったから、全日本に出るとか日本一は現実的ではなかった。

僕たちは、その時にやれることを地道にやった。足元をしっかりと見ながら一歩一歩進んでいくうちに、近くに目標があることに気がついたんです」

大きな夢を掲げる前にやることがあると羽田野は考えた。

「初めて月に降り立ったアームストロング船長が、生まれた瞬間に『宇宙に行こう』とは考えていなかったはず。地道に勉強していくうちに『宇宙飛行士になろう』と思ったんでしょう。一歩一歩、着実に進めることが大事だということです。野球や剣道なら素振りをする、柔道だったら打ち込みなど毎日やるべきことがあって、それを続けた者だけが見られる夢、掲げられる目標がある」

羽田野には、練習を重ねることで、いつの間にか強くなっていったという実感があった。

「夏休み前にかなわなかった人に9月には勝てるようになると、毎日のサーキットトレーニングが効いたのかなと思いました。『今日も一日終わった。ちょっとだけ強くなったかもしれない』という毎日の繰り返しでしたね」

言われたことを疑わない人間の強さ

羽田野の考え方は、効率を求める若いアスリートにはなかなか理解されないかもしれない。

「でも、大事なのはやっぱり量だと思っています。ムダを知るためにはムダなことを経験しないとダメなんですよ。とことんムダなことに向き合った人間じゃないと『あれはムダだった』と言い切れませんから」

地味な練習を積み重ねるところに日本のスポーツのよさがあると思っている。

「それがこの国の文化だとも言えます。ただ、素振りも1000回やればいいというわけじゃない。『1回1回に魂を込めろ』と野球の王貞治さんが、プロレスラーのジャイアント馬場さんも『スクワットの1回に命をかけろ』と言っていました。元横綱の日馬富士関も治療していましたが、彼らもひたすら地道に同じことを続けていました。そういう強さを持った人だけが高みを目指すことができる」

時代が変わっても、大事にしないといけないことがある。

「人は負荷をかけないと成長しないと、僕は思っています。今の若い人は小学生の時から週休2日じゃないですか。僕らの時代、休みは日曜日だけで、当然、部活がある。正月とお盆に2、3日休みがあるくらいでした。毎日をフルスイングしていたら、嫌でも根性はつきますよ」

どんなスポーツでも、根性という言葉は死語になりつつある。

「僕たちはよく、『気合、根性、バカヤロー』とよく言われました(笑)。厳しい練習を課されることで、間違いなく、気合と根性はつきましたね。ひとつの練習にバカみたいに打ち込むことで、みんな、強くなっていきました。上に行く人ほど、人間としてはまともじゃない（笑）」

もし「スクワットを1000回やったら強くなれますか」と聞いても、今の若い選手が納得する答えは戻ってこないだろう。

「意味があるかどうかが大事なわけじゃない。言われたことを疑わない人間が強くなっていった。僕はそれを自分の目で見てきました」

BMWを見た瞬間に「これだ！」

羽田野が進学先に高野山大学を選んだのは、僧侶になるためだった。

「父の実家である大分県の寺を継ぐという宿命にありました。そのために高野山大学に入ったのですが、いろいろなお坊さんを見ているうちに『お金を稼ぎたい』という思いが強くなっていきました。

でも、お坊さんでお金を稼ぐことは難しい。簡単にいうと、単価を上げればいいということになるんですけど、戒名をつけるお金を上げるのは『違うんじゃないか』と思ったんです」

そう考えた時に、「お金を稼いでいる人」の顔が思い浮かんだ。

「僕は大学二年の時に肩を脱臼して、外れるはずのないところが外れてしまったんです。そのあとはずっと爆弾を抱えながら試合に出ていました。

高校時代からお世話になっている接骨院の院長の車を見た瞬間に『これだ！』と思いました」

その後、師匠になる院長の愛車はドイツ車のＢＭＷだった。

「僕が高校生の時に『俺の弟子になるか』と誘われたことがありました。その時は『坊さんにならないといけないんで』と秒で断りました」

その院長が開業した頃の様子を知る羽田野はその「繁盛ぶり」に驚いた。

「大学二年でそこに行った時には患者さんもスタッフもたくさんいる状態でした。その後、弟子入りすることを許されて、院長の紹介で専門学校に入りました。院長が友達に『やっと、こいつを手に入れたよ』と言うのを聞いて、一生ついていこうと思いました。一度誘いを断ってから3年が経っているのに、そう言われてうれしかったですね」

その時、羽田野は院長からもらったＢＭＷのカレンダーを自分の部屋に飾った。

「1月から12月までの車を眺めながら、どれにしようかな？　と考えていました」

いずれも１０００万円を超える高級車ばかりだった。

「金はまったくなかったのに、そんなことを考えていました。そこからのスタートでした。

僕は15代目の住職として寺を継いだんですけど、そっちは墓守りで。お金は『接骨院で稼ぐぞ』と思っていました」

修業期間にもかかわらず、羽田野は10万円の給料をもらった。

「この世界では恵まれているほうです。給料は３万円で、寮費が２万円で食費が１万円というところもざらでした」

羽田野の年収は１２０万円だったが、生活に支障はなかった。

「お金がなくてもやっていけますから。それなりに、飲みにいったりもしていました。何年間か、コンビニには行きませんでしたけど」

8年後の独立を目指して逆算

治療家への道を歩き始めた時、羽田野は独立までのスケジュールを決めた。

「院長に『いずれは独立したい』と言ったら、『8年間はここにいろ』と言われました。僕はスポーツをしている時に、ひとつひとつのステップを上がっていくことの大切さを学びました。だから、8年後に独立するために必要なものは何かを考え、そこから逆算して1年ごとにやることを決めました」

国家資格を取得して治療家になっても、独立できるかどうかは本人次第だ。

「いずれは自分で店を出そうと思っている人は多いですけど、細かくスケジュールを切る人は少ないでしょうね。僕にはスポーツ経験があったから、そういうふうに考えることができたんじゃないでしょうか」

羽田野はすぐに頭角を現し、先輩を差し置いてチーフも任された。

「6人くらい先輩がいましたけど、みんながぬるく見えたんですよ。『なんで文句とか愚痴とか言ってんの？』という感じで。自分なりに計画を組んで、4年目くらいには全員を追い抜きました」

その時、治療家としての技量が上であったとしても、メンバーを統率できるわけではないと羽田野は知ることになる。

「自分の実力が上がっても、その人たちは言うことを聞いてはくれない。考えてみれば、一年生の四番バッターだからといって、上級生をアゴで使えるわけではありません。それと同じですね。役割が変わった分、逆に難しくなりました」

かわいがられないと生きてはいけないと羽田野はそう悟った。

「自分が部活をしていた頃のことを振り返りました。練習中は勝負なので、先輩・後輩は関係ない。だけど、終わったあとは先輩を立てないと関係が難しくなる。それに気づいてからは、先輩を立てるところは立てるというマネジメントに変えました。そうするうちに、そのお店の最高売上を記録することができました」

羽田野は修行を始めて7年11カ月目に、自分が開く接骨院の場所を見つけた。院長と約束した8年まで、あと1カ月あった。

「院長には『まだ1カ月あるじゃないか』とものすごく怒られましたけど（笑）。『おまえに教えることは何もないよ』と院長が言ってくれて、本当にうれしかったですね」

でも、自分が患者さんを治せることと、自分が経営者になって金勘定をすることはまったく別です。そのことに、独立してから気づきました」

3年後に独立できる仕組みをつくる

羽田野が経営する「はしもと接骨院」は、神奈川県相模原市の橋本駅近くにある。ハイボルト療法（羽田野式ハイボルト）発祥の地でもある。

羽田野は交通事故治療、ぎっくり腰治療に絶対的な自信を持つ。一方で、プロアスリートの治療も行っている。

「僕がつくりたいのは、最強の治療家集団です。日本電気治療協会も立ち上げました。高い意識を持った人間を集めたい。『1000万円以上稼ぎたい人だけ来てくれ』という感じですね」

大きな資本を持つ店舗がM&Aを繰り返すなかで、いかにして生き残るかを羽田野は考えている。

「これまで、大きな店舗を出して潰した経験もあります。僕が得意としているのは、ひとり院長のマネジメントです。競合となる大規模店舗を寄せつけないような、強いひとり接骨院をつくっていきたい。

具体的には3年で独立できる仕組みを確立したい。それで、全国に仲間を増やしていこうと考えています。ミシュランガイドの、星付きのレストランみたいな、知る人ぞ知るお店を経営できるように。まずはそのモデルケースをつくらないと」

成功事例もたくさんある。理想を共有する仲間もいる。

「全国に仲間がいるし、情報共有もできています。みなさんは、僕の施術に関する考え方を軸に進めてくれています。今後の課題は、みんなに憧れられる存在になること。でも、近くにいる人にとっては、僕の圧が強すぎて疲れちゃうそうです（笑）」

それでも、羽田野は自分のやり方を曲げるつもりはない。

「やっぱり、『気合、根性、バカヤロー』で育ってきましたからね。心の中では、『休みなんかあると思うなよ』と思っています。

僕は耳タイプの人間で、これまで師匠や先輩に言われた言葉が記憶に残っているんです。『褒められるのは一番だけ』とか『頑張るなんて言葉はいらないからやれ！』とか」

柔道や日本拳法をやっていなければ、今の自分はここにいないと思っている。

「そういう日々を送ってきて本当によかった。だから、僕は厳しいことを言うのかもしれない。ゆとり教育で育った人たちに『勉強って、自分の時間を使ってやるもんじゃないの？』とか。自分の目で見て学ぶ力をつけてほしいと思っています」

上下関係を学ぶことの大切さ

本書に登場する6人の中で、もっとも体育会色が強いのが羽田野なのかもしれない。

「体育会系の人がなぜ評価されるのか。強さとかうまさだけではないと思っています。まわりの人に気を使うことができる、後輩の面倒を見る、先輩を敬うことができる、そういうところではないでしょうか。僕は体育会の中でそういうことを学んできました」

上下関係のない体育会に存在意義はないという。

「社会に出たら、上下関係ばかりです。会社も社長から平社員まで、上下の関係で成り立っています。取引先とのお付き合いもそうでしょう。しっかりとした役割があって、会社も組織も回っていく」

だからこそ、上下関係を学ぶことが大切だと羽田野は思う。

「上下関係が嫌いだといっても、そんな人は社会で通用しないと思う。日本の社長の平均年齢は60歳だそうです。若い人が何を言おうが、今の日本は何パーセントかの年配の人がつくっていることは間違いない。そういう人の考え方がわからなければ上に上がることはできません。昭和を学ぶことで見えてくることがあるはずです」

昭和が終わって30年以上が経っても、その価値観はまだ残っている。

「僕が過ごしてきたのは武道系の体育会だし、そのあとに行ったお坊さんの世界も特殊といえば特殊です。上下関係や礼儀に厳しくて、厳格なルールがいろいろあって、間違ったことをした瞬間に手も足も出てきた。それが当たり前でした。

僕も同じことを要求するつもりはありませんが、その世界で生きる覚悟は本当に大事だと考えています」

羽田野の「株式会社ＨＳＧ」は、２０３３年までの目標をこのように掲げている。

10店舗の社内店舗を持つこと。

学校としての機能を兼ね備えた治療院となり、接骨院業界ワンオペレーション教育の最高峰になること。

「ＨＳＧは『羽田野式』の考え方を軸に、機械の使い方と身体の診断のスペシャリストの集団になっています。

コアバリューである『仕事の流儀』を最重要視しています。僕が発信する情報に耳を傾け、他社の人間に聞かれた時には同じことを言える状態にあります」

最短3年で独立できる仕組みができたために、羽田野の提唱するコアバリューを大切にし、同じビジョンを持ち、羽田野と同じ未来を語る治療家が全国に巣立っている。

「スタッフはみんな、素直で明るく元気よく、人の話を聞き、決して人を否定することがありません。いつも自分のお金を使い、自己研鑽に励む、それが理想的な院長の姿だと考えています」

治療家になって25年、「はしもと接骨院」を開いて16年。これまで一歩一歩、着実に進んできた羽田野の目標は今後、もっと大きくなるはずだ。

第6章　武道・格闘技に打ち込んだ治療家が抱く野望 ── 羽田野龍丈

おわりに

本書に登場した6人は、私にとって尊敬する仲間であり、「負けたくない」と思えるライバルでもある。30年以上前に同じ学校で席を並べた同級生もいれば、社会人になってから出会った人もいる。

それぞれの選手時代の話を聞くと、成功体験と合わせて大きな挫折を味わったことがあるのがわかる。その後の歩みを知って、「はじめに」で私が書いた仮説が間違っていないと気づいた。やっぱり、〝アスリートの力〟はすごい！

ここで、私の経歴について述べてみる。

1976年4月に神奈川県で生まれた私は日大三高で甲子園出場を目指し、三年生の春にその目標を果たすことができた。

最後の夏の大会で打った場外ホームランが、視察に来ていた山中正竹さん（1994年～2002年まで法政大学野球部監督）の目に留まり、東京六大学の名門に入る。

ところが、期待されて入学したものの、まったく戦力にならず、大学時代はケガに苦しみ入退院を繰り返すことになった。大学に入学した時には社会人野球でプレーを続けることを考えていたが、それとは程遠い4年間となった。

ある程度以上のレベルまで行くと、自分の成長を実感することが難しくなる。大学時代の私がそうだった。少しずつは伸びていたはずだが、レギュラーや対戦相手のプレーを見ると、とても自分が「うまくなった」とは思えなかった。いつも不安がつきまとっていた。

その時に私が選んだのは、肉体改造だった。ウエイトトレーニングに打ち込み、練習すればするほど、体は変わっていった。その後、プロ野球で活躍する後輩のG.G.佐藤(元埼玉西武ライオンズなど)たちと一緒に励んだものだ。細かった体が太くたくましくなっていったことが、自分の心を支えていたのだと思う。野球の技術を伸ばすことよりも、成果が目に見える肉体改造に気持ちが向いていた。

しかし、そのやり方が正しかったのかどうかには疑問がある。もしあの頃に戻れるのならば、監督や先輩に尋ねてみたい。私は「どのような練習をすればいいのか」「自分には何が足りないのか」と。

残念だが、もうあの時には戻れない。しかし、この時の経験には大きな意味があった。今、実社会で活きていると感じる。

営業マンとしての基礎を築いた言葉

大学卒業後、小さな建設会社に入社。新人ながら、新規マーケットの拡大に貢献できたと自負している。しかし、2年目に事故にあって長い入院生活を余儀なくされた。その後、2度の転職を経て、住友林業に入ることになった。しかし、半年ほどは営業成績が伸びなかった。

ある日、1年前に中途入社した、寮の先輩でもある岩井伸五さんから聞いた言葉によって、自分自身が大きく変わった。6歳上の岩井さんも他社からの転職組で、住宅展示場の別の営業チームにいたのに、なぜか私のことを「まっちゃん、まっちゃん」と呼んでかわいがってくれた。好成績をコンスタントに叩き出す岩井さんのやり方はスマートに見えた。ある時、私にこう言った。

「自分で人を選んで教えてもらいに行ったほうがいい。それで人生が変わるんだから」

営業チームには5、6人いて、リーダーが仕切る形。私はそのやり方になじめなかったのだが、ほかのチームの人に教えを乞う図太さはなかった。しかし、このひと言によって、「教わること」に躊躇がなくなったのだ。

のちに、「大学時代の自分はどうだったのか」と振り返ったことがある。

法政大学野球部には、プロ野球や社会人野球に進む選手がたくさんいた（同期に、1998年ドラフト2位で横浜DeNAに入団した矢野英司など）。彼らに投げ方や打ち方を教わることだってできたのに、小さなプライドのせいで自分から聞きに行けなかった。本当に「もったいないことをした」という思いがある。

ただ、いくら反省してももう遅い。だから、今の仕事を大事にしようと考えた。

もうひとつ、岩井さんに教えられたことがあった。

「自分が欲しい情報は、積極的につかみにいけ」

営業チーム内では情報が共有されているけれど、同じ会社であっても、ほかのチームの人間が契約内容などを知ることは難しい。でも、岩井さんは「興味があれば、聞きに行け。調べればいいいじゃないか」と言う。そういうことを実践していくうちに、私も社内で年間表彰を受けるほどの成績を残せるようになった。

「会いたい人に会いに行く」

「聞きたいことを聞きに行く」

これらは私の基本姿勢だ。ただ、間違った人に教えを乞うとうまくいかなくなることもある。「教えを乞う人を選ぶのは賢さだ」と私は思う。

アドバイスを素直に受け入れ、好成績を残している人にさまざまな話を聞いたことで、私の営業マンとしての基礎が固まっていった。岩井さんもまた、私にとって大事なお手本であり、師でもあった。いくら感謝しても、感謝しきれない。

尊敬できる営業マンとの出会い

大学卒業後、ビジネスの世界でいろいろな元アスリートと出会った。尊敬できるところを見つけられない時期があったが、自分のロールモデルにしたいと思える人ともお付き合いをするようになった。

たとえば、第1章に登場していただいた佐藤友亮さん。佐藤さんは、同じビルにオフィスがあった旭化成ホームズで勤務していた。年齢は2歳上。180センチを超える大柄の佐藤さんをビルの外で見かけることが多かった。どこかに野球選手のにおいを感じたのかもしれない。ある日、私は思い切って「佐藤さんですか？」と声をかけると「君が松本くん？　名前は聞いているよ」と答えてくれた。

それをきっかけにお付き合いするようになり、別の会社にいながら、さまざまなことを教えてもらえるようになった。私は26歳で、佐藤さんが28歳だったと思う。

住友林業の営業マンとして好成績を残すようになり、仕事自体に〝慣れ〟を感じている頃だった。佐藤さんの成績を尋ねたら、「同じ土俵で、この人とまともに戦ったら勝てない」と降参せざるを得ない業績だった。のちに私が営業マンではなく、コンサルタントになったのは、佐藤さんとの出会いがあったからだ。あの時、佐藤さんに声をかけていなかったら、今の自分はおそらくない。

その当時、住宅メーカーの営業マンは年間12棟を売れば十分に評価された。私が精一杯に頑張って15棟くらい。でも、佐藤さんは倍くらいの業績をあげ、その単価も大きかった。「ここにも化け物みたいな人がいる」と驚いたものだ。

それから20年以上、佐藤さんが尊敬する先輩であることに変わりはない。

佐藤さんは同業他社の営業マンである私に対しても優しく、さまざまなことを教えてくれた。スポーツマンらしく、明るくおおらかな人柄で、社内外の先輩、同期、後輩たちから慕われていた。そんな佐藤さんであっても、野球部時代には多くの葛藤を抱えていたことを知って驚いたものだ。

スポーツのセオリーはビジネスでも使える

その佐藤さんに限らず、元アスリートのビジネスマンは性急に結果を求めることをしない。今やっていることがすぐに成果として表れるとは思っていないからだろう。

前日に素振りを100回したところで次の日にヒットが打てるわけではない。カーブの打ち方を教えてもらっても、打てるようになるまでには時間がかかるものだ。

目の前の課題に取り組みながらも、少し先にある目標を見据えているから、その時その時の結果に一喜一憂することがない。

スポーツを長く続けていると、あるタイミングで「コツ」をつかむことがある。変化球をうまく引き付けて打てたり、ワンバウンドの打球をキャッチできたり。コツを覚えるまでには時間がかかるが、一度体で得た感覚はずっと残る。

そんなプロセスを知っていれば、すぐに結果を求めることはないし、仲間や後輩を責めたり焦らせることが少ない。「いつかできるようになるよ」とおおらかに構えてくれる上司がいれば、落ち着いて業務に励むことができる。

スポーツにおけるセオリーは、ビジネスの現場でもうまく応用できるのだ。

私が外野、センターを守っているとしよう。キャッチャーの構えを見てライト方向に打球が飛びそうだと思った時には、そちら寄りにポジションを取ることがある。このケースで大切なのは、レフトの選手に自分の守備位置を知らせることだ。もし大きく空いた左中間に打球が飛んでも、レフトがカバーすることができるからだ。ひと声かけるか、「ライト寄りに守るよ」とジェスチャーで知らせればいい。ほんの1秒か2秒のことで大きく結果が変わることがある。

そういう気使い、連携こそがチームワークなのだと思う。会社という同じ船に乗っているのに、仲間とコミュニケーションが取れない人がいることが残念でならない。

アメフト経験者が活躍する理由

営業の世界に長くいて、自分の数字だけにこだわる人も多く見てきた。スタンドプレーが多すぎて、チームから浮いている人も。そういう人の活躍は長く続かないし、組織自体を押し上げることも少ない。野球に置き換えると、ひとりで5安打してもチームが負けてしまえば意味がないということになる。おそらく、団体競技の経験のある人は、私の考えに賛同してくれるはずだ。

そう考えていくと、打ち込んだスポーツの特性（個人か団体競技か、タイムを競うものか得点を争うものか）によって得られるものが違うし、ビジネスに応用できることも異なってくる。

私のまわりにいる同年代の経営者やマネージャーを見てみると、野球やサッカー、バスケットボールに比べれば競技人口が少ないにもかかわらず、アメリカンフットボール経験者の活躍が目覚ましい。

アメフトという競技は、オフェンスとディフェンスに分かれていて、選手の役割が明確だ。1試合に多くの選手が出場できることもあり、競技自体が実際の会社や組織の形に近いように感じる。

攻撃を指揮し得点を奪うクォーターバックもいれば、ボールを運ぶランニングバックの進入を阻止するディフェンスもいる。体のサイズや特性も違うし、トレーニング方法も異なる。しかし、試合になれば全員が力を合わせて勝利を目指す。

走力を求められる人、パワーで貢献する人、さまざまなデータを分析して作戦を決める役割もある。お互いがお互いの個性や能力を尊重するアメフトの競技特性が、ビジネスでも活きるのではないかと私は考えている。スペシャリストを育成すること、その能力を活用することに対する理解度も高い。アメフト経験のある元アスリートは、人材の使い方に長けているように思える。

本書には、野球、テニス、ラグビー、アメフト、柔道、日本拳法を経験した元アスリートが登場するので、その競技特性と仕事の関係にも注目してほしい。「どんな仕事を選べばいいのか」と迷うアスリートには参考になるだろう。

25年前にこんな本があったら……

私が本書を書いたのは、自分が大学を卒業する時に「こんな本があればよかったのに」と思ったからだ。当時の私は、ずっと打ち込んできた野球から離れる決断をしたものの、自分の中にどんな能力があるのか、どのような仕事に適性があるのかがわかっていなかった。だから、社会人になってからの数年間は悩み、もがくことになった。

10代前半からずっとひとつのことにかけてきた人が、引退してすぐに自分に合った仕事を見つけるのは難しい。先輩が働いている会社、信頼できる人の紹介などを通じて会社選びをすることが多いはずだ。それで運よく、自分の適性に合った会社や仕事に巡り合えればいいのだが、その確率は低い。

それでも、まずはそこで何かを得る努力をしてほしい。そうすれば「次」が見つかるかもしれない。

第3章に登場した井上達樹さんも、第4章の高木謙治さんも、第5章の豊福公平さんも（そして私も）、初めて勤めた会社での経験や反省をもとに転職を決め、その後、大きくステップアップしていった。新卒で入った会社で十分に力を発揮できなくても落ち込む必要はない。大事なことは、「そこで何を学ぶのか」だ。経験を次につなげることができる元アスリートの前には、さまざまなチャンスが転がっている。

もし「うまくいかないな」と感じていたら、自分の中にある可能性に目を向けてほしい。結果ではなく、成長にフォーカスしてほしい。そうすることで、目指すべき方向が見えてくるし、頼るべき人にも出会えるはずだ。

スポーツを通じて得た「自分の中の資産」を見つめてほしいと思う。自分では「当たり前だ」と思い込んでいることでも、他人から見れば大きな長所、美点であることも多い。

たとえば、目標に向かって黙々と努力すること、結果が出なくても不平不満を言わないこと、成果を残したライバルを素直に評価できること、さりげなく人を思いやれること、求められなくても人のサポートができること……あなたにはきっと、さまざまな長所がある。授業が始まる前に朝練習をしたり、全体練習が終わったあとに個人練習をしたりした日々があなたを助けてくれるだろう。

「自分の中の資産」を理解したうえで、「何に活用すればいいのか」と考えることで、あなたに適した仕事や役割がきっと見つかる。

さらに、元アスリートに注目してほしいのが、自らが持つセルフコントロール力と目標達成技術。そして、「イメージする力」だ。

「このプレーをしたらこうなる」「こっちが攻めたら相手はこうやって反撃してくる」というシミュレーションを、これまで数えきれないほど行ってきたことだろう。「次」をイメージする力が自然と備わっているはずだ。それを使って、「自分がどうなりたいか」「どんな仕事で役に立てるか」を真剣に考えてほしい。

私は野球を通じて、その力を養ってきた。一球ごとにさまざまな仮説を立て、次の展開に備えるのが日常だった。将棋の棋士が頭をひねりながら「次の一手」を考え抜くように。

ラグビーでも、バレーボールでも、テニスでも、アメフトでも、「次の一手」をイメージする力のある者が有利に試合を進めることができる。

私の場合、商談の席でこの仮説が非常に役に立った。相手の発言や要求の先にあることに対して準備できるからだ。

「今、何をしているか」というモデルを提示

2023年のシーズンオフ、メジャーリーグで活躍する大谷翔平選手が日本全国の小学校に野球のグラブを寄贈して話題になった。これはひとつのアスリートの貢献の形であり、彼のようなスーパースターにしかできないことだ。私自身、「スポーツに育てられたアスリートに何ができるのか」を考える、いいきっかけになった。

大学時代に私がプレーヤーとして活躍できなかったことは先に書いた。長く法政大学野球部の監督を続けた山中さんからすれば、私は「期待はずれ」だったと思う。でも、山中さんからのお声がけもあって、10年ほど前から、法政大学野球部のOB会（法友野球倶楽部）に関わり、現在は小早川毅彦会長（野球解説者）のもとで事務局長として携わらせていただいている。

神宮球場での活躍を目指す後輩たちを間近で見て、思うことがある。

ひとつは、元アスリートとして、ユニフォームを脱いだその後に活躍するサンプルケースをもっと提示する必要があるのではないかということ。スポーツ選手としてどんな成績を残すか、どれだけチームに貢献できるかはものすごく大切だが、それで終わりではない。

プロリーグのある野球であっても、競技を続けるだけで生活できる人は限られている。どんなに素晴らしいアスリートでも、競技を引退する時は必ずやってくるからだ。だから、営業マンになった元アスリート、公務員や教員、経営者になった人……「いろいろな職業・立場で今、何をしているのか」というモデルを提示する必要があると思う。それによって若い選手たちの選択肢も増えるし、間違いなく、世界も広がることだろう。人との縁や巡り合わせによって、その後の人生は大きく変わる。

一生懸命に打ち込んだスポーツの先に何があるのか――それを示すことで、選手本人はもちろん、保護者や指導者の考え方も変わるのではないだろうか。

どの競技でも言えることだが、頂点に立つ人間が人として最も優れているというわけではない。途中で敗れた者の中には、敗北を力にして飛躍する人たちがいる。

スポーツに人生のすべてをかけてきた人にとって、「次のステージ」を見つけることは大変だ。「野球ほど熱中できるものがない」「サッカーをやっている時のように燃えられない」と嘆く人を散々見てきた。引退してすぐに見つけることができなくても、ずっと喪失感を抱えたままで過ごすことは許されない。「何か」を探す努力をすることがのちの人生を大きく変えると実感している。

何歳になっても学び続けることの大切さ

私は大学卒業後に何度か転職をしたが、そのことで感謝を覚えることができた。東京六大学のリーグ戦はすべて神宮球場で戦われる。日大三高～法政大学と厳しかったものの、練習グラウンドやさまざまな環境は素晴らしかった。しかし、社会に出れば、「それが当たり前ではない」と思い知らされることになった。

職場の環境、人間関係、給与体系など、気になるところはたくさんあった。それでも働かなければならない。先輩や仲間に支えられながら、いくつかの壁にぶつかりながら、自分の仕事、自分が果たすべき役割を見つけることができたのだ。

規模の大きい会社に入ること、人気企業に勤めることが「正解」かどうかはわからない。若いアスリートたちには、自分の居場所を見つけてほしいと思う。

48歳になった私が考えているのは、「20歳の松本隆宏から見てどうなのか」ということ。あの時の自分自身に「ああいう人になりたい」と思われる人間になっていたい。明るくエネルギッシュでいたいし、情熱的に仕事にも取り組みたい。

特に大学時代の自分は至らないところばかりで、今振り返ると恥ずかしいこともたくさんしてきた。でも、過去に戻ってやり直すことはできない。だから、これからの生き方で示すしかない。

学業成績がよかったわけではなかったが、学習することの大切さは理解している。コンサルタントとしてだけではなく、経営者として、人として、学び続けていかないといけないと肝に銘じている。
「もっと！　もっと！」と高いレベルを追い求める力をアスリート人材は持っていると私は信じる。それは、どの世界にいても大きな武器になる。

だから、「目覚めよ、体育会ＯＢ！」「自分の中に眠っている能力を活かせ」というメッセージで本書を締めたい。

２０２４年６月　松本隆宏

松本隆宏
（マツモト タカヒロ）

ライフマネジメント株式会社代表取締役。1976年、神奈川県相模原市生まれ、高校時代は日大三高の主力選手として甲子園に出場、東京六大学野球に憧れ法政大学へ進学。大学卒事後、住宅業界を経て起業。「地主の参謀」として資産防衛コンサルティングに従事し、この10年で数々の実績を生み出している。また、最年少ながらコンサルタント名鑑「日本の専門コンサルタント50」で紹介されるなど、プロが認める今業界注目の逸材。 著書に「地主の参謀ー金融機関では教えてくれない資産の守り方」（2018年、エベレスト出版）、「アスリート人材」（2022年、マネジメント社）、「地主の決断ーこれからの時代を生き抜く実践知」（2023年、サンライズパブリッシング）、「地主の真実ーこれからの時代を生き抜く実践知」（2023年、マネジメント社）、「プロたちのターニングポイント」（2024年、サンライズパブリッシング）がある。

アスリート人材の底力
折れない自分の作り方

2024年6月19日　初版第1版発行

著　者　松本隆宏
発行者　高野陽一
発　行　サンライズパブリッシング株式会社
〒150-0043
東京都渋谷区道玄坂1-12-1
渋谷マークシティW22

発売元　株式会社飯塚書店
〒112-0002
東京都文京区小石川5丁目16—4

印刷・製本　中央精版印刷株式会社

ISBN978-4-7522-9035-3　C0095

プロデュース　水野俊哉
装丁　熊谷有紗（オセロ）
本文デザイン・DTP　ツースリー